Michael Schottenberg

Von Träumen und Schiffen

Michael Schottenberg

Von Träumen und Schiffen

UNTERWEGS AUF DEM FRACHTSCHIFF MS KARINA

Mit 59 Fotos

Amalthea
Verlag

Für Claire

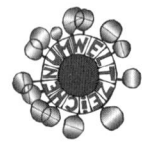

Besuchen Sie uns im Internet unter: amalthea.at

© 2019 by Amalthea Signum Verlag, Wien
Alle Rechte vorbehalten
Umschlaggestaltung: Elisabeth Pirker/OFFBEAT
Umschlagfotos sowie alle Abbildungen im Buch: © Michael Schottenberg
Umschlaghintergrund: © iStock.com
Karte Seite 8–9: © arbeitsgemeinschaft kartographie
Herstellung und Satz: VerlagsService Dietmar Schmitz GmbH, Heimstetten
Gesetzt aus der 11,25/14,7 pt Minion Pro
Designed in Austria, printed in the EU
ISBN 978-3-99050-162-7

Inhalt

Pläne und Ziele
Nord-Ostsee-Kanal, 11. März *10*

Zwei Dosen für Schweden
Ostsee – Kalmarsund, 12. März *25*

Die Schären
Södertälje – Mälaren-See, 13. März *31*

»Parlez-vous française!«
Västerås, 14. März *41*

Ein Schlafplatz für die Nacht
Oxelösund – Nyköping, 15. März *51*

Der Zweite will Erster werden
Ostsee – Kiel, 16. März *58*

Der Sturm
Brunsbüttel – Nordsee, 17. März *64*

Angekommen!
Nordsee, 18. März *88*

Eine Stadt der Kultur
Hull, 19. März *95*

Irgendwie sind sie schon eigen, die Briten
York, 20. März *102*

Der Schrei des Francis Bacon
Hull, 21. März *109*

Das Wunder des Lebens
Nordsee – Kiel, 22. März *115*

Meine neue Familie
Ostsee, 23. März *121*

»It's easy! It's fun!«
Oxelösund – Stockholm, 24. März *126*

Ein Leuchten in der Nacht
Oxelösund – Stockholm, 25. März *132*

Unsere Träume
Ostsee, 26. März *138*

Knatte, Fnatte, Tjatte
Ostsee – Kiel, 27. März *143*

Die doppelte Zeit
Nordsee, 28. März *162*

Das entscheidende Bisschen
Antwerpen, 29. März *170*

Ein Kapitän auf Zeit
Antwerpen – Nordsee, 30. März *173*

Petersilie, Salbei, Rosmarin und Thymian
Hull – Scarborough, 31. März *177*

Die letzte Nacht
Nordsee – Velsen, 1. April *184*

Die Menschen, die wir lieben
Nordsee – Brunsbüttel, 2. April *188*

Schottis Tipps für das Leben an Bord
15 goldene Verhaltensregeln *192*

Glossar *203*

Anbieter von Frachtschiffreisen *207*

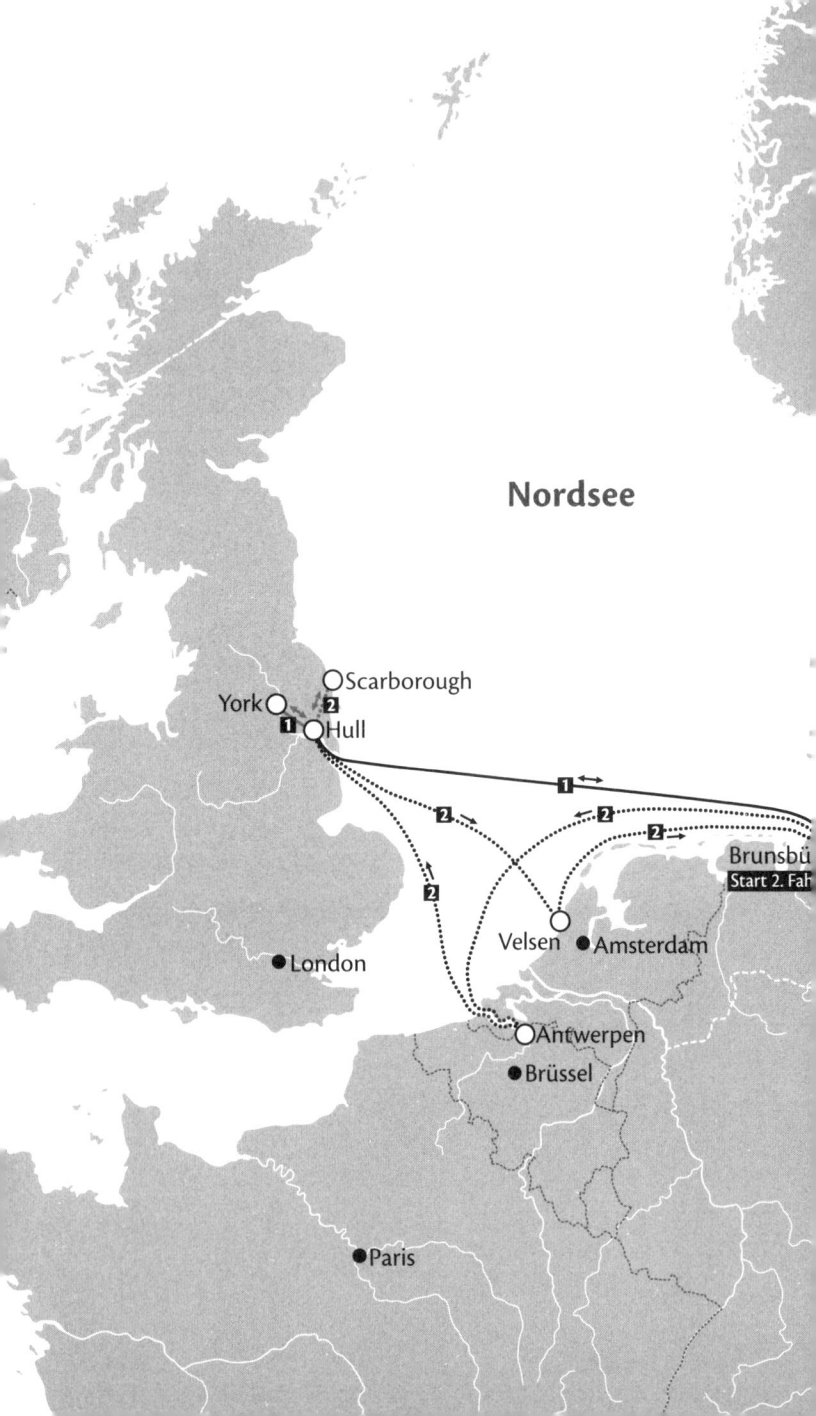

Nordsee

York○ ○Scarborough
1 **2**
○Hull **1** ↔

2 → ← **2**
2 **2**
Brunsbü
Start 2. Fah

2
○Velsen ●Amsterdam

●London

○Antwerpen
●Brüssel

●Paris

Oslo

Helsinki

Västerås

Stockholm

Tallinn

Nyköping

Södertälje

Oxelösund

Riga

Kalmar

Ostsee

Kopenhagen

Kiel

amburg
art 1. Fahrt

Berlin

Warschau

Prag

▬❶▬	1. Fahrt
▬❶▬	Landweg 1. Fahrt
⋯❷⋯	2. Fahrt
⋯❷⋯	Landweg 2. Fahrt

0   100   200 km

© *arbeitsgemeinschaft* **kartographie**

Pläne und Ziele
Nord-Ostsee-Kanal, 11. März

»Hier spricht der Zweite Offizier. Welches Bier darf's denn sein? Beck's, Holsten, Astra?«

»Beck's«, sage ich.

»Und das Wasser? Still, sprudelnd?«

»Still.« Der Anruf macht mich einigermaßen sprachlos. »Weshalb wollen Sie das wissen?«

»Ich rufe von Bord der MS *Karina* an. Um Punkt zwölf Uhr machen wir in Brunsbüttel fest und nehmen Sie in Empfang. Wir müssen nach Schweden rauf, ein paar Kisten abliefern. Da brauchen Sie doch was zum Nachspülen.«

Langsam senkt sich der Wasserspiegel im Becken der großen Schleuse, am Beginn des Nord-Ostsee-Kanals. Ein mächtiger Container-Riese wartet auf seine Weiterfahrt. Meine Reise beginnt genau hier, in der kleinen schmutzigen Kantine der UCA, einer Agentur, die sich darum kümmert, dass die Schiffe im richtigen Schleusenbecken landen und eines nach dem anderen abgefertigt wird. Ich warte auf die MS *Karina*, einen knapp Hundert-Meter-Frachtkahn, der in den nächsten drei Wochen mein Zuhause sein wird. Man muss Zeit haben für diese Art von Reisen. Kein Mensch kann sagen, wann das Schiff anlegt, niemand weiß, wann es ablegt. Es hängt vom Löschen und Laden der Fracht ab. Manche der großen Pötte nehmen eine Handvoll Reisende mit. Allerdings nicht als Passagiere, sondern als Crew-Mitglieder. Man ist ein Zwischending: Nicht Fisch, nicht Fleisch, nicht Matrose, nicht Tourist – eher so eine Art Seebär auf Zeit.

Die Liebe zu Schiffen währt schon mein Leben lang. Wie oft habe ich mich in der Unendlichkeit des Himmels verloren und nach jener Ferne gesehnt, die Freiheit verspricht. Kunst gehorcht ähnlichen Gesetzen. Sie erfindet Zeit und Raum neu und definiert mittels Phantasie eine Anderswelt, in der die Illusion die Realität außer Kraft setzt, um sich in einer neu erschaffenen Wirklichkeit wiederzufinden. Von hier bis zum Theater ist es dann nicht mehr weit. Kunst spiegelt die Gesellschaft wider, prophezeit Visionen, vermittelt Werte, dient als Korrektiv, sie ist einer der Grundpfeiler sozialen Zusammenlebens. Die Weite des Meeres und die Grenzenlosigkeit der Phantasie sind nahe Verwandte.

Mein Vater war von der gleichen Sehnsucht erfüllt. Sein Traum wurde nur einmal wahr: 1936 überquerte er an Bord eines Luxusliners der Reederei Hamburg Süd den Atlantik in Richtung Brasilien, wo er für die neue Hauptstadt eine Kathedrale plante. Es blieb beim Entwurf. Die Kirche wurde später von dem großen Architekten Oscar Niemeyer realisiert. Diese Schiffsreise war für meinen Vater die erste, gleichzeitig sollte sie auch seine letzte sein. Auch dem Theater hat er sich nur zaghaft genähert: Zu mehr als dem Bemühen, an einer Schauspielschule aufgenommen zu werden, reichte es nicht. Die Liebe zu Schiffen und zur Kunst hat meinen Vater ein Leben lang begleitet. Mit der Zeit wurde sie zur Wehmut. So ist das mit unerfüllten Träumen.

Wenn ich an ihn denke (und je älter ich werde, desto öfter tue ich das), sehe ich ihn am Lido von Venedig stehen und übers Meer blicken. Dieses Bild trage ich schon lange in mir. Es ist ein Foto aus glücklichen, verliebten Tagen, das ich in einem der wenigen Alben meiner Eltern fand. Es muss lange vor meiner Geburt entstanden sein, aufgenommen von einem übermütigen, hübschen jüdischen Mädel, das um vieles jünger war als er und dessen Liebe zu ihm bis weit über seinen Tod andauerte. Vielleicht hat er in diesem Augenblick tatsächlich bis zu jenem fernen, staubigen Platz in der geografischen Mitte seines Traumlandes Brasilien gesehen, von dessen Hochplateau die Flüsse entspringen, die nach Norden zum Amazonas und nach Süden zum Rio de la Plata fließen. Genau dort sollte sie stehen, die neue Stadt – und mittendrin seine nie gebaute Kathedrale. Damals hatte sie wohl für ihn Gestalt angenommen und er konnte sie berühren wie eine ferne Geliebte. Ich will daran glauben. Es tröstet mich für die vielen ungesagten Worte, die mich von ihm trennen. Vielleicht musste ich meinen Traum von der Gegenwelt des Theaters auch nur erfüllen, um ihm zu helfen, seiner Sehnsucht zu begegnen, um dort, wo sich unsere gemeinsame Phantasie vereint, die Nähe zueinander zu finden. Vielleicht ist das der Grund für mein unstillbares Fernweh, für meine Liebe zu Schiffen und die Suche, die ein Leben lang währt. Die Suche nach jenem Weg, der zu meinem Vater führt.

Vor Jahren schon hatte ich die Idee, eine Frachtschiffreise zu unternehmen, um auf Zeit abzuhauen. Hamburg – Shanghai. Ich hatte gebucht, ich musste stornieren. Manchmal ist es so. Mein Weg, der zum Umweg wurde, führte mich mitten hinein in ein großes Wiener Theater, ohne dass ich ahnte, was mir bevorstand. Manchmal spricht man verschiedene Sprachen, obwohl man Gleiches meint.

Über vierzig Jahre lang habe ich Geschichten erzählt. Wie viele Reisen zum Mond habe ich unternommen! Ein Stuhl wurde zum Thron, eine Glühlampe zur Welt, ein Lichtstrahl zur Ewigkeit. Bilder kamen aus dem Nichts, gewoben so zart wie Spinnennetze und verschwanden wieder. Mit einem Mal war ich Theaterdirektor. Das nicht enden wollende Thema um ausreichende Finanzierung hat meinem Traum zugesetzt. Ich hatte nie etwas anderes im Sinn, als die Welt spielerisch abzubilden, um sie auf ihren Wahrheitsgehalt zu überprüfen. Der Chef eines »Abendunterhaltungsbetriebes« (Bertolt Brecht) aber ist in erster Linie Arbeitgeber. Von einem Tag auf den anderen waren die Schauspieler, meine einstigen Verbündeten, nicht mehr meine Freunde. Die Obsorge um deren Existenz und die meines Theaters hat mir eine Rolle aufgenötigt, die mir nicht entsprach. Zehn Jahre lang musste ich die Rolle eines Geschäftsführers spielen, der für Dinge verantwortlich ist, die seinen künstlerischen Anspruch nur mittelbar tangierten. So kann es gehen: Man glaubt, den Weg zu kennen, und doch verirrt man sich. Die Wirklichkeit hatte mich eingeholt. Zehn Jahre sind eine lange Zeit. Zwar ist es mir gelungen, das Haus in ein wohl aufgestelltes zu verwandeln, das noch dazu einen ausreichend finanziellen Polster in der Hinterhand hatte – aber die Geschichte war zu Ende erzählt. Der Abschied fiel mir nicht schwer.

»Älter werden und dennoch nicht verlernen, was anfangen heißt.« Der Philosoph Martin Buber hat es auf den Punkt gebracht. Meine theatralischen Träume sind mit mir gealtert. Ich habe mein bisheriges Leben abgelegt wie ein Kostüm, das Licht gelöscht und die Garderobentür geschlossen. Nun wende ich mich um und blicke mit einem lachenden Auge zurück (das andere halte ich vorsorglich geschlossen). Ich lasse es gut sein. Es ist ja gut.

Ich schreibe schon mein Leben lang. Bei Neufassungen und Textbearbeitungen verbarg ich mich geschickt hinter Nestroy, Ibsen oder Shakespeare, ohne dass ich jemals enttarnt wurde – weder von den Kritikern noch von meinen Schauspielern. Ich war viel zu geschickt. Nun löse ich mich aus dem Schatten des Balkons, auf dem die angebetete Roxane steht: Cyrano de Bergerac, Himmelsstürmer und Liebender, muss sich nicht mehr verbergen. »Wer ständig glücklich sein will, muss sich oft verändern.« Mit all der Leidenschaft, die ich in meinem alten Leben für die Bühne investiert habe, trachte ich heute danach, Konfuzius' Worten gerecht zu werden. Womit ich wieder am Anfang angekommen wäre.

Auf Reisen verwandeln sich meine Gedanken zu winzig kleinen surrealen Zeichen, die keiner außer mir zu entziffern vermag. Eine Unmenge davon kritzle ich auf leere Buchseiten. Dies ist zu meinem neuen Leben geworden. Als Geschichtenerzähler und Philanthrop suche ich jenes Abenteuer, für das es sich lohnt, alle Mühen in Kauf zu nehmen: Die Rückkehr zu mir selbst.

»Beck's!«

»Eine Kiste oder zwei?« Die Stimme ist jetzt nur mehr undeutlich zu hören.

»Eine, vorerst.« Der Herr Zweite Offizier hat aufgelegt. Auf See braucht's nicht viele Worte.

Ich sitze in der Kantine der UCA und warte auf »mein« Schiff. Ein strahlend schöner Sonnentag, heuer ist es schon im März Frühling geworden. Mein Herz klopft, als wollte es zerspringen. Heute erfüllt sich mein Traum. Ich lehne mich zurück und schließe die Augen.

Eigentlich hatte ich vor, in den Süden zu fahren. Ausgangsort sollte Hamburg sein, eine Stadt, die ich über alles liebe. Vor einigen Tagen aber wurde meine Passage ersatzlos gestrichen, die Auftragslage für den Transport von Eisenkisten hatte sich buchstäblich über Nacht geändert. Man bot mir eine Ersatzreise an, genau in die andere Richtung. Es macht mir nichts aus, vor veränderte Tatsachen gestellt zu werden, im Gegenteil, ich empfinde das als Herausforderung. Nie zuvor habe ich den Mälaren-See gesehen, von der Schärenlandschaft vor Stockholm ganz zu schweigen. Weder habe ich den Nord-Ostsee-Kanal befahren noch den Fluss Humber in Richtung Kingston upon Hull. Durch die geänderte Reiseroute hat sich auch der Abfahrtstermin verschoben. Unmittelbar nach dem überraschenden Anruf packte ich das Wenige, das ich mitzunehmen gedachte, in meinen Rucksack.

Der Wecker läutet kurz vor sechs. Ich trinke Kaffee mit der Frau, mit der mein Leben neu begann und die, was meine Reisen betrifft, bereits leidgeprüft ist: Kaum wird es Frühjahr, zieht es mich hinaus in die Welt (vor Kurzem erst bin ich von einer Burma-Reise zurückgekommen). Diesmal aber ist die Abreise mehr als überstürzt. Gegen halb elf sollte ich am Pier stehen, das Schiff wird gegen Mittag an der Kanalschleuse erwartet. Ich versuche ein Taxi zu reservieren, um von Hamburg aus rasch weiterzureisen. Die Dame am anderen Ende der Leitung meint, dies sei nicht notwendig, ich möchte mich vom Flughafen Fuhlsbüttel wieder melden. Ohne »Büttel« im Namen läuft da oben nichts.

Die Maschine setzt pünktlich auf. »Guten Tag, ich brauche den nicht reservierten Wagen nach Brunsbüttel.«

»Weshalb haben Sie nicht vorbestellt?«

»Weil es nicht notwendig ist.«

»Wer sagt das?«

»Sie.«

»Ich habe nichts dergleichen gesagt.«

»Dann war es Ihre Kollegin. Was mache ich jetzt?«

»Sie gehen zum VIP-Parkplatz. Wo sind Sie?«

»In Hamburg.«

»Auf welchem Gate?«

»Keine Ahnung.«

»Dann sehen Sie nach oben, da hängen überall Schilder. Was sehen Sie?«

»Red Bull.«

»Machen Sie Witze?«

»Sie haben mich gefragt.«

»Erkundigen Sie sich, wo Sie sind, und melden Sie sich wieder.«

»Nicht auflegen!«, sage ich, aber es ist zu spät. Ich erkundige mich bei einer Reinigungskraft, die gerade auf einer dieser bulligen Maschinen hockt und an mir vorüberwienert. »Sie sagt Terminal eins! Hallo?«

Eine andere Stimme ist dran. »Die Kollegin meint, Sie sollen zur Abflughalle hoch!«

»Und dann? In welche Richtung?«

»Es gibt nur eine.«

»Gibt's denn nicht immer mindestens zwei?«

»Bei uns nicht.« Aufgelegt.

Ich fahre zur Abflughalle hoch und laufe in die eine und einzige Richtung, quäle mich an eincheckenden Pauschal-Touris vorbei und erreiche schweißgebadet das andere Ende der Halle. »VIP-Parkplatz? Nö, wo soll der denn sein?« Eine empathiebefreite Azubin hockt hinter der Glasscheibe eines Info-Schalters und unterbricht missmutig ihr Telefongespräch. »Oberhalb des Terminals eins am anderen Ende der Halle gibt's einen.«

»Von dort komme ich.«

»Weshalb sind Sie dann nicht dortgeblieben?«

»Weil man mich in die eine und einzige Richtung geschickt hat.«

»Gibt's denn nicht immer mindestens zwei?«, das Mädchen blickt mich gelangweilt an, als hätte ich sie nicht alle. »Okay. Sie laufen jetzt genau dorthin wieder zurück.«

So hab ich's gern. Offensichtlich war ich keine zehn Sekunden von dem verblödeten VIP-Parkplatz entfernt. In fünfzig Minuten legt mein Schiff in Brunsbüttel an, in einer weiteren halben Stunde legt es wieder ab und ich muss heute noch nach Schweden rauf, ein paar Kisten abliefern – stattdessen eiere ich hier von einem Hallenende zum anderen.

»Wo wollen Sie denn überhaupt hin?« Die Azubin beendet genervt ihr Telefonat.

»Brunsbüttel«, sage ich.

»Nie gehört.«

Kein Wunder, denke ich, aber irgendwie passt der Name gerade zu meiner Situation.

»Na dann …« Sie wendet sich ab und tastet eine Nummer in ihr Handy, wobei sie darauf achtet, dass ihre Kunstnägel nicht absplittern. Genau diese Viertelstunde könnte mir später fehlen. Ich haste zurück, quer durch die lange Halle, vorbei an den Menschenmassen. Das Bild wäre nicht vollständig, ohne zu sagen, dass ich vermummt bin wie eine Made vor dem Schlüpfen. Ich bin es gewohnt, in warmen Ländern unterwegs zu sein, diesmal aber habe ich Wintersachen bei mir, die in meinem Rucksack unmöglich Platz gefunden hätten. Da meine Liebste Hobby-Meteorologin ist und sich laufend über die europäische Großwetterlage updatet (derzeit liegt das winterliche Schweden im Mittelpunkt des familiären Interesses), trage ich das fette Zeug direkt am Leib.

»Ich bin's«, belle ich ins Handy, »Es gibt noch eine zweite Richtung.«

»Wohin wollen Sie?«

»Nach Brunsbüttel.«

»Nach Brunsbüttel? Haben Sie reserviert?«

»Was?«

»Sie werden doch wissen, ob Sie eine Taxe vorbestellt haben?«

Offensichtlich ist bei jedem Telefonat wer anderer dran. Die Dialoge erinnern mich an den Doktor-Sketch, Höhepunkt des Komiker-Stücks *Sonny Boys*, das ich vor Jahren mit den beiden Spitzbuben Peter Weck und Harald Serafin inszeniert habe. Das Theater war täglich ausverkauft, was mir die Journalisten als »zu sehr auf die Kasse geschielt« vorhielten. Ein Theaterdirektor sollte nicht für sein Publikum spielen? Die Damen in der Taxi-Zentrale sind nicht minder verhaltensauffällig.

»Hören Sie, ich muss heute noch nach Schweden rauf. In vierzig Minuten geht das Schiff.«

»Das wird eng. Wagen acht-fünf-sechs ist unterwegs. Sind Sie auf dem VIP-Parkplatz?«

»Bin ich.«

»Warum sagen Sie das nicht gleich? Rühren Sie sich nicht vom Fleck!«

Neben meinem Gepäck steht mein kleiner Tagesrucksack – jedenfalls stand er gerade noch da. Oh mein Buddha, auch das noch! Zurück zu Terminal eins, Rolltreppe runter, nichts, Rolltreppe rauf, nichts, doch: Am Schnittpunkt zumindest zweier Möglichkeiten, lässig an die Außenwand der Rolltreppe gelehnt, wartet er auf mich: mein kleiner, schwarzer Vertrauter mit dem vielleicht wichtigsten Inhalt der Welt, meinem Laptop.

Acht-fünf-sechs schweißt sich mit glühendem Chassis an den Randstein. Ibrahim ist Türke, seine Familie lebt schon in zweiter Generation in Hamburg. Der Mann ist dem Spezialauftrag gewachsen. Er fackelt nicht lange: Kickstart, Reifenabrieb, Ibi gibt Gas. Unterwegs schimpft er über SUV-Besitzer, Sonntagsfahrer und Hutträger. Wir brettern durch die Landschaft. Vorerst Autobahn, dann Bundesstraße. Das schwarz-weiße Fleckvieh steht wie angewurzelt vor dem Deich und starrt dem Geschoss mit dem HH-Kennzeichen nach. Am Steuer ein wild gewordener Türke, achtern ein dick vermummter Schiffsnarr, der irgendwo im Norden ein paar Kisten abliefern soll, und jetzt, jetzt gibt's wirklich nur eine einzige Richtung – und die führt exakt nach Brunsbüttel. Im Einzugsbereich von Laser-Blitzern bremst Ibrahim das Geschoss jäh herunter, dann legt er wieder nach. Eine Straße mit Obergrenze siebzig durchglüht er gnadenlos mit hundertvierzig. Warmduscher und Wochenendeinkäufer, sie alle landen im Rückspiegel. Ich frage: »Sind Sie sicher?«

»Sie wollen ja in dieses verschissene Kaff, nicht ich.« Dem ist nichts zu entgegnen.

Mit rauchendem Gummi schwingt Ibrahim ab und hält am Eingang zur Schleuse Brunsbüttel. Weltmeisterlich. Von der MS *Karina* ist nichts zu sehen. Könnte auch ein gutes Zeichen sein. Ibrahim grinst sein Siegerlächeln. Ich sage: »Das haben Sie erste Sahne gemacht. Hätte nicht gedacht, dass Sie das schaffen. Wenn wir den Kahn verpasst hätten, müssten wir weiter nach Kiel, dort ist die nächste Schleuse.«

»Ich weiß«, sagt er, »Ich habe schon oft Leute hierhergefahren. Es ist Viertel nach zwölf. Um Punkt zwei habe ich Feierabend. Bin lieber zu Hause bei meiner Frau als mit Ihnen in Kiel. Ahoi, Käpt'n!«

Das verdient Trinkgeld. Und weg ist er. Von Weitem sehe ich den weißen Kugelblitz über die lange Kanalbrücke in Richtung Hamburg donnern und unter dem Mittagshimmel von Brunsbüttel verglühen.

Ich schnelle hoch. Draußen legt die MS *Karina* im größeren der beiden Schleusenbecken an. Ich stehe an der Pier, neben mir der Erste Offizier, der nach drei Monaten Heimaturlaub seinen Dienst antritt. Wim heißt er, und er freut sich drauf, wieder Seeluft um die Nase zu kriegen.

»Welcome aboard, I'm the cook!« Der ukrainische Koch höchstpersönlich swingt die Gangway herunter, schultert mein Gepäck und führt mich zu meiner Kammer. Sie ist geräumiger, als ich dachte. Hier also, zwischen diesen vier Wänden, werde ich mich während der nächsten Wochen einrichten. Die Kabine hat Fenster nach vorne hinaus und zur Seite. Draußen am Kai steht der Typ vom Büro der UCA und winkt. Zentimeter um Zentimeter löst sich die MS *Karina* von der Hafenmauer und beginnt ihre Reise durch den Kanal in Richtung Kiel-Holtenau. Das heißt, ich beginne die Reise, das Schiff setzt seine Fahrt fort. Es ist eines von drei gleichartigen Kähnen derselben Reederei, die die Schweden-England-Belgien-Holland-Linie befahren.

Oben auf der Brücke werde ich dem Kapitän vorgestellt. Er heißt Ivan und kommt aus Russland. Ich tauche ein in die Wunderwelt, von der aus das siebenundneunzig Meter lange und knapp siebzehn Meter breite Frachtschiff gesteuert wird. Zwei Lotsen sind mit an Bord. Schiffe dieser Größenordnung müssen die komplette Service-Mannschaft für ihre Passage durch den Kanal buchen. Etwa hundert Kähne befahren die Strecke täglich, inklusive der Riesenpötte. Der Nord-Ostsee-Kanal ist hundert Kilometer lang, wurde 1895 vollendet und gilt als eine der meist befahrenen Wasserstraßen der Welt. Zehn Brücken überspannen den künstlich angelegten Fluss, bei Rendsburg gibt es zudem noch einen Fußgängertunnel. Zahlreiche Fähren stehen zur Verfügung. Seit der Fertigstellung des Kanals werden die Anrainer, als Entschädigung für die lange Bauzeit, gratis ans andere Ufer übergesetzt. Kaiser Wilhelm II. wollte es so und bis heute ist es dabei geblieben.

Die MS *Karina* tuckert mit acht Knoten dahin, schneller dürfen Schiffe hier nicht unterwegs sein. Ibrahim würde verzweifeln. Demgemäß dauert die Fahrt nach Kiel satte acht Stunden, die Wartezeiten bei den diversen Weichen nicht mitgerechnet. Keine Sekunde zu lang. Durch die wunderschöne Landschaft zu gleiten ist ein Erlebnis der besonderen Art. Marschland zur Linken und zur Rechten, backbord und steuerbord, wie wir Seeleute sagen. Manchmal kommt eine alte, aus der Zeit gefallene Windmühle in Sicht, dann ein Fährmannshaus, das jetzt als Gaststube dient. An beiden Seiten der Wasserstraße führt der schnurgerade Treppelweg. Fußgänger, Ausflügler, Radfahrer sind in Scharen unterwegs und genießen die Frühjahrssonne. Manche von ihnen winken dem Seemann zu, und der winkt glücklich zurück. Vielleicht gehe ich in meiner Kluft ja sogar als Offizier durch (ich habe vor Aufregung ganz vergessen, das fette Zeug auszuziehen). Die Menschen können nicht ahnen, dass ein Aus- und Umsteiger an ihnen vorbeischippert, einer, der gerade dabei ist, sich einen Traum zu erfüllen und sein Leben neu aufzustellen.

Ich erkunde das Schiff und lerne die Besatzung kennen: Polen und Ukrainer. Sie arbeiten sechs Monate am Stück, fern der Heimat, ohne auch nur einen einzigen freien Tag. Um siebzehn Uhr gibt's »Abendbrot«, wie mir eingeschärft wird. Ich setze mich an den Tisch in der Offiziersmesse, die achtern (hinten) auf dem Poopdeck liegt. Der Schiffsingenieur, ein Kroate, blickt mich finster an. Er mag keine Veränderungen an Bord, wie ich seinem Blick entnehme.

»And who are you?« Der Text erinnert mich an eine schöne Arbeit der Künstlerin Claudia Six: Zwei Wichtel, einer groß, einer klein, beäugen einander misstrauisch. Dem Betrachter bleibt es überlassen zu befinden, welches der beiden Wesen die titelgebende Frage stellt. In diesem Fall ist es eindeutig. »I'm the new passenger!«, sage ich.

»It's the captain's place.« Mürrisch weist mir der Ingenieur einen anderen Platz zu. Am Schiff herrschen klare Regeln. Der Stuhl wird für den Fall freigehalten, dass Jesus mit seinen Jüngern das Abendmahl einnimmt – der Platz sollte während der ganzen Reise unbesetzt bleiben. Es gibt Pizza: Zirbe, darauf geschmorter Radiergummi. Meine erste Mahlzeit heute. Ich entschließe mich zur guten Laune und beiße in den Karton.

»Er ist Ukrainer, aber auf ukrainischer Seite«, sagt der Zweite Offizier, ein Hüne von einem Kerl, und deutet mit dem Kopf in Richtung Koch, der gerade vorbeigeht. Ausnahmsweise ist die Frau des Offiziers zu Besuch, in Kiel wird sie von Bord gehen. »Ich winke meinem Bären zu, wenn er vorbeifährt – wir wohnen direkt am Kanal. Ist das nicht wunderbar?«

»Oh ja«, sage ich, »Aber andere Mädels sehen ihre Männer täglich.«

»Mir genügt's«, lacht sie und küsst ihren Offizier. Ich will es glauben. Seemannsbräute sind so.

Große Schiffe begegnen uns, wir müssen warten, bis die Pötte vorbei sind, es wäre zu eng für zwei Dicke. Am Himmel zeigt sich eine kreisrunde Scheibe. Vollmond. Ich könnte heulen vor Glück. So lange habe ich auf diese Reise gewartet. Vor Monaten schon habe ich begonnen, die Tage zu zählen. Auch deshalb, weil meine letzte Arbeit am Josefstädter Theater eher unter der Rubrik »Missverständnis« einzustufen ist und ich die Zeit nur überstanden habe, weil ich ebendiese Reise vor der Nase hatte, wie der Esel die Karotte. Heute darf ich sie endlich antreten. Endlich.

Ein SMS von zu Hause: »Du hast es geschafft. Ein Traum wird wahr. Pläne und Ziele zu haben und sie dann umzusetzen. Ich liebe dich.« Pläne und Ziele! Ich liebe dich. Und ich liebe das Leben!

Zwei Dosen für Schweden
Ostsee – Kalmarsund, 12. März

Es ist kurz vor sechs. Ich erwache vom gleichmäßigen Brummen des Motors. Leise wie eine Nähmaschine arbeitet er, ohne Unterlass. Daran gewöhnt man sich. Draußen vor den Bullaugen ist es noch finster. Am Horizont beginnt sich ein schmaler, roter Streifen abzuzeichnen. Später wird grelles Blau dazukommen. Wolkenfetzen schieben sich dazwischen. Ich mag nicht mehr schlafen, ich bin viel zu aufgeregt. Mein erster Tag auf See!

Nachts um elf, sind wir aus der Schleuse Kiel-Holtenau ausgelaufen. Proviant wurde gebunkert, darunter eine Kiste Beck's für den neuen Herrn Passagier. Eine Buddel Whisky hat er zusätzlich vom Duty-free in Wien an Bord geschmuggelt. Auf See wird die Kehle schnell trocken, man braucht Kielwasser, das sorgt für Stabilität. Ich stehe an der Reling, über mir der volle Mond, in mir brennt ein herrlich tiefer Schluck, während die MS *Karina* Kurs auf Schweden nimmt. Der Kapitän löst den Lotsen ab. Konzentriert steht er auf der Brücke. Unten werden die Leinen losgemacht. Wie in Zeitlupe löst sich die eiserne Lady von der Pier. Der Typ, der das heikle Manöver leitet, könnte alles sein, nur kein Käpt'n. Prächtig würde er nach Auenland passen, in die Welt der Hobbits. Ein rundes Gesicht mit Knollennase wendet sich mir zu und zwinkert mich an, als wollte es sagen: »So macht man das, mein Junge.«

Lautlos gleitet die MS *Karina* durch die vom Mondlicht erhellte Welt, die Kieler Förde entlang, eine siebzehn Kilometer lange Bucht, an deren Scheitelpunkt Kiel, die schöne Hauptstadt Schleswig-Holsteins, liegt und am anderen Ende die Ortschaft Laboe, direkt an der Mündung in die Ostsee. Steuerbord, auf eisernen Pfählen, die Begleitmannschaft der Schiffe, die hier durch die Schleuse gehen: Hunderte von Möwen. In Reih und Glied hocken sie da und kreischen. Sie verabschieden uns auf Norddeutsch, eine Sprache, die nach Hustenbonbon klingt.

Inzwischen hat Ivan seine rote Strickmütze, die nur beim An- und Ablegen im Einsatz ist, in seinem kleinen Spind verstaut, ein blankpolierter Glatzkopf kommt zum Vorschein. Der Hobbit hockt auf seinem Kapitänssitzchen und starrt Schiff voraus. Die Brücke liegt im Dunkeln. Radarschirme sind über ein riesiges Pult verteilt, leuchtende bunte Knöpfe wie Positionsfeuer einer nächtlichen Landebahn. Auf einem der Bildschirme erscheint die angepeilte Fahrtroute als Linie. An Schnittpunkten knickt sie ab und wird neu ausgerichtet. Der Pott zieht seine Spur von Tonne zu Tonne, Markierungsbojen, die am Grund der Förde verankert sind.

Ivan ist Heavy Metaler. Dumpf wummern die Bässe, die Riffs scheppern erbarmungslos. Deep Purple at its best! Mit der Rechten trommelt er den Rhythmus, mit der Linken steuert er das Schiff. »St. Petersburg!«, schreit er mich an. Da komme er her. Im letzten Urlaub war er in Innsbruck, dann ging's runter nach Italien. Im Takt traktiert er das Folgetonhorn, die MS *Karina* tutet, was die Pfeifen hergeben. Die Purples hätten ihre Freude dran.

Unter dem Gegröle von Ian Gillan verlässt das Schiff die Förde und sticht hinaus in die Ostsee.

Einen Stock tiefer werde ich endlich mein warmes Zeug los. Noch einmal klettere ich die steile Treppe hinauf, um Ivan eine gute Nacht zu wünschen. In meiner ersten Nacht auf See schiebt er die erste Wache. Ich traue meinen Augen nicht. Der Käpt'n turnt durch den abgedunkelten Raum wie Bruce Lee im Film *Der Mann mit der Todeskralle*. Mit einem abgeklebten Hartgummimesser in der Hand springt er den an der vorderen Fensterfront befestigten Sandsack an, als hätte er einen der feindlichen Orks aus Mittelerde vor sich. Vor, zurück, Ausfallschritt, Hieb, Deckung, Kick, Parade … Dasselbe noch mal. Ivan legt das Messer weg und schnauft kräftig durch. »Fitness!«, keucht er. »Man hockt hier sonst nur rum.« Ich gehe hinaus und lasse mir ein bisschen Ostsee-Luft um die Nase pfeifen. Drinnen hüpft Bilbo Beutlin erneut den verfeindeten Sandsack an. Hieb, Stich, Drehung, Kick, Parade … Der Mann hat sie echt nicht alle. »Smoke on the Water«, dröhnt es aus den Boxen. Nie hat der alte Hadern besser gepasst als eben hier.

Sonnenaufgang. Der Erste Offizier sitzt am Steuer, neben ihm der Zweite Offizier, von allen bloß »der Zweite« genannt. Mit an Bord befinden sich außer dem Käpt'n noch drei Matrosen, ein Koch, der Ingenieur und ich, der Passagier. »Wo sind eigentlich die Mädels?«, frage ich.

»Zum Glück nicht hier!«, sagt der Zweite und lacht dröhnend. Wenn er lacht, hüpft sein Bauch auf und ab. Auch Wim, der Erste Offizier, ist wohlgenährt. Er ist

Experte in Sachen Backkunst, wie er mir verrät. Spezialisiert hat er sich auf Chili-Brot. Dabei leuchten seine Augen. Mit seinen wuscheligen Haaren sieht er aus wie ein Monchichi.

Das Schiff ist fast voll beladen. Die maximale Belastung wären dreihundertsechs TEU – das ist das Maß der Dinge: Norm-Container, die in etwa der Hälfte der großen Vierzig-Fuß-Container entsprechen. Ein »Vierziger« hat die Größe eines LKW-Trucks. Im Schiffsbauch lagern jede Menge dieser Dinger. Sie sind in Zweier-Reihen gestapelt, oben, auf Deck können es schon mal sechs übereinandergestapelte Kisten sein. Was in den Containern drinnen ist, will ich wissen. »Zwei davon enthalten eine gefährliche Substanz«, sagt Henning, der Zweite. Ich blicke ihn an. Er schüttelt den Kopf, sein Bauch hüpft vor Lachen, aber er sagt nichts weiter. Ich will mich damit begnügen, irgendwann werde ich es rausfinden.

Die Fahrt ist ruhig, ein herrlicher Tag auf der Ostsee. Sonne und hoch aufgetürmte Wolkenformationen wechseln einander ab, manchmal reißt der Himmel ein gleißendes Sonnenfenster auf, dann glitzert die See wie ein kostbares Schmuckstück. Mein Lieblingsplatz ist eine Bank auf Achtern, unten auf Deck A. Von hier aus betrachte ich die von der Schiffsschraube aufgewühlte brodelnde Gischt. Während sich der Kahn vorwärtsschiebt, bleibt eine hellblau geäderte Oberfläche zurück, als wäre ein sich ständig veränderndes Netz aus weißen Linien über die Wasseroberfläche gelegt.

Oben auf der Brücke hat jetzt der Zweite das Ruder in der Hand. Ich darf neben ihm Platz nehmen, dort, wo sonst der Käp'n sitzt. Vor mir: Hebel, Knöpfe, Tiefenlot-messgeräte und was nicht alles. Henning erklärt mir die Funktionen des technischen Wunderwerkes. Die »Lady« schluckt pro Tag neuneinhalb Tonnen Diesel. Im Schiffs-bauch lagert so viel von dem Zeug, dass sie nur alle drei Wochen gefüttert werden muss. »Wir leben vom guten Wetter«, sagt er. »Je schlechter, desto teurer. Die Maschine strengt sich an und frisst mehr.« Einleuchtend. Was in den beiden Containern drinnen ist, will ich wissen. »Wir gehen nachher runter in den Bauch und nach vorne zum Bug und sehen uns um …« Noch weicht er der Frage aus, aber er wird meiner Neugierde nicht entkommen. Der Passagier wird nicht locker lassen.

Henning zieht sich das Ölzeug an und beginnt mit der Führung: Waschküche, Aufenthaltsräume, die Depots für Werkzeug und Farben sowie, in großen Kisten, unendlich viele rostige Schellen, die für die Containerverankerung benötigt werden. Jedes Ding hat seinen Platz. Zwei große Hämmer lehnen an der Wand. »Wofür sind die denn?«, frage ich.

»Für Gagenverhandlungen«, sagt der Zweite, brüllt vor Lachen und klettert hinunter zu den Frachträumen. Ein verwunschenes Reich an Gängen, Luken und Falltüren. Es riecht nach Diesel, Eisen und Männern. Hier einen Krimi zu drehen, das wär's – aber darauf sind andere auch schon gekommen. Die Durchstiege sind so schmal, dass Henning mit seinem fetten Ölzeug kaum durchpasst. Mit geschickten Links-Rechts-Bewegungen windet er seinen massigen Körper durch das unterirdische Labyrinth, anmutig wie eine Drohne beim Schwänzeltanz. Über eine

Steigleiter geht's hinauf, auf die Back. Wir beugen uns über die schräge Eisenwand des Vorschiffes. Tief unter uns befindet sich der wulstige Bug, dessen Knubbelnase eine künstliche Welle erzeugt, die dem Schiff Stabilität verleiht. Ich wende mich um. Vor uns türmen sich eng an eng die Containerschluchten. Hier wird jeder Zentimeter genutzt, und die Frächter werden bar bezahlt.

»Dort oben!« Henning sieht mich verschmitzt an. Hoch über Deck lagern zwei Container mit Aufklebern, die einen Totenkopf mit gekreuzten Knochen zeigen. »Und?«, frage ich, »Was ist drin?« Sein Bauch hüpft auf und ab. »Hochgiftig. Wir müssen das Zeug als Gefahrengut kennzeichnen. Es ist für Schweden bestimmt. Wir werden es oben in Västerås los. In den beiden Kisten lagert das Konzentrat für Coca Cola. Die brauchen nur mehr Sprudel dazutun und fertig ist der Dreck. Er wird in Amerika nach Geheimrezeptur gefertigt, die Welt darf es nur mit Kohlensäure anreichern. Also: Wir transportieren zwei Dosen Cola nach Schweden. Frage beantwortet?«

Die Schären

Noch steht der Mond über den Schären vor Södertälje. Wim, der Erste Offizier, hat gemeint, dass ich unbedingt früh raus muss, die Fahrt an den unzähligen Buchten und Schären vorbei ist ein unvergessliches Erlebnis. Recht hat er. Die MS *Karina* passiert die Stadt Kalmar. Direkt gegenüber, steuerbord, liegt die Insel Ödland. Das schwedische Pop-Duo Roxette hat hier mal ein Video gedreht, seither wird die Location, ein Schloss, nächtens beleuchtet, als weithin sichtbares Zeichen der kulturellen Kompetenz Ödlands. Vielleicht will die Insel ihren irreführenden Namen damit ad absurdum führen.

Auch Kalmar sieht bei Nacht spektakulär aus: Als näherte man sich über die Brooklyn Bridge Lower Manhattan. Untertags ist es wahrscheinlich eines dieser peinlichen Provinznester, deren Fußgängerzone mit Blumenrabatten, Dönerbuden und Schlüsseldiensten zugemüllt ist. Am Ausgang der Stadt überspannt eine riesige Autobahnbrücke den Sund. Kaum dass wir unten durch sind, kommt der Erste Offizier auf Wache und löst den Käpt'n ab. Die harten Riffs verstummen, Plauderstunde ist angesagt. »Ich muss mich installieren«, sagt Wim und streichelt zärtlich über jedes der Instrumente, als gälte es eine Choreografie surrealer Gesten nachzuvollziehen. Er justiert den Radarschirm, berührt Schalter und Knöpfe, tätschelt ein Messgerät, als wäre es seine Geliebte, haucht den schwarzen, aus einem anderen Jahrhundert herübergeretteten Hörer des Bordtelefons blank und schwingt endlich seinen massigen Körper auf den Kapitänssitz. Dann schaltet er das Licht aus und richtet den Blick nach vorne, in die vor ihm liegende Dunkelheit. Auf der Brücke ist es jetzt wieder finster. Nur die Positionspunkte auf den Monitoren blinken wie Sterne eines fernen Sonnensystems.

Der Kurs, vorbei an Positionsstangen und Pfählen hinaus aus dem Sund, gleicht einem Torlauf. Manche der Spieße sind nicht beleuchtet, was die Sache noch zusätzlich erschwert. Ihre Positionen sind nur am Radar zu erkennen. »Da vorne!«, flüstert Wim und deutet auf etwas Weißes, Backbord voraus. »Dort hat mal ein Kollege den Kasten drangesetzt.« Er meint, dass hier ein Schiff nicht rechtzeitig die Kurve genommen hat und gegen das Steinufer geschrammt ist. »Man muss rechtzeitig ansetzen mit der Kurskorrektur.« Auf dem Radarschirm überschneiden sich die Fahrtlinien der Schiffe und gleichen porösen Fasern eines komplizierten Stoffmusters. Wie ein Asteroid auf der Milchstraße zieht die MS *Karina* dahin, das nächste Ziel im Visier. »Da müsste jetzt so 'n oller Spieß kommen.« Wim starrt Steuerbord voraus. Ich folge seinem Blick und sehe genau nichts. »Hier! Schon vorbei.« Ich blicke in Richtung Heck und erkenne im Mondschein gerade noch, wie ein Spieß, der knapp über die Wasseroberfläche ragt, in der Dunkelheit verschwindet. »Nicht alle sind beleuchtet. Kann manchmal knapp werden.« Wim lächelt und fingert sich durch die Haare. »Dennoch, gefährlich ist es hier nicht. Die Wasserrinne ist tief genug, und es gibt kaum Strömung. Wir können gar nicht abdriften. Anders im Kanal. Wenn man da dem Ufer zu nahe kommt, drückt es den Bug an die gegenüberliegende Wand und das Schiff verkeilt sich. Wäre Scheiße!«

Wim ist eine Plaudertasche. Vom Urlaub in Wien erzählt er, von seinem zum Camper umgebauten Caddy, von einer Schultheateraufführung von Molières *Der Geizige*, in der er den Valère gab, er erzählt von der Liebe seines Lebens (seine damalige Elise) und davon, dass sie in einigen Wochen Mutter wird. Theater macht vieles möglich.

Die MS *Karina* schaukelt sanft auf der wie glatt gebügelten See, nur aus ihrem Bauch ist ein leises Brummen zu hören. Ich möchte mich noch ein wenig hinlegen, unten, in meinem kleinen, gemütlichen Rückzugsort – dort, wo ich schreibe und träume und an zu Hause denke und ich mir sicher bin, dass weit, weit weg auch gerade jemand auf einem gemütlichen Sofa liegt und an den Seefahrer denkt, der jetzt wohl auf seiner Kammer ist und an daheim denkt, weil sich dort gerade jemand nach dem Geliebten in der Ferne sehnt – und darüber schlafe ich selig ein.

Wir passieren den Himmerfjärd. Stich, Drehung, Parade, Deckung, Kick. Der Alte bearbeitet den verfeindeten Ork. »Morning«, grummelt er außer Atem und legt das Gummimesser aus der Hand. »Tea or coffee?«

»Coffee. Ich will nicht stören …«

»Stören? Never!« Ivan sucht nach Worten, dann plaudert es russisch aus ihm heraus. Der Mann ist vielsprachig. Mit dem Verstehen tut man sich schwer – gleich für welche Sprache er sich entscheidet, es klingt immer gleich. Aus einer dickbauchigen Thermoskanne schenkt er heißen Kaffee ein. Der Schärengarten vor Södertälje ist einzigartig. Während Ivan vom Fight Club in St. Petersburg schwärmt, dem er seit vielen Jahren angehört, passieren wir zahllose kleine, felsige Inseln, die in der Eiszeit entstanden sind und die, wie zur Erinnerung daran, von schwimmenden Packeisbrüchen umgeben sind. »Die Ostsee ist kalt im März, kaum zwei Grad!«, keucht Ivan und verdrischt erneut den leblosen Feind. Der Mann hat vieles gleichzeitig im Griff: Er lauscht der Funkanlage, aus der der monotone Singsang der Hafenpolizei tönt, er korrigiert den Kurs, knipst Lämpchen aus und wieder an, schmeißt eine neue CD ein und greift zum Telefonhörer, um einige Worte zu flüstern, als handle es sich um ein Liebesgeständnis, nicht ohne mir zuzuzwinkern und sich unmittelbar darauf wieder dem Sandsack entgegenzuwerfen. So ist er, Ivan, der Alte, mein Kapitän, Full-Contact-Fighter aus St. Petersburg, Hobbit an Bord der MS *Karina*, Bilbo Beutlin, gestatten.

Stunden später: Die Küste kommt in Sicht. Ich gehe nach oben. Sanfte Klänge auf der Brücke. »Was ist das für eine Musik?«, frage ich verblüfft, in Erwartung eines Metal-Überfalls. »When we go like this, hin und her, durch Schääären, I listen to Kirkorow. Russische Sahne, you know?« Alles klar. Während wir uns Södertälje nähern, schmiegt sich der »Schmalztiegel des Finnischen Meerbusens« in unsere Ohren. Stoisch steuert Ivan, immer noch im Unterhemd und Kampf-Kurzer, den Pott an den Steinhaufen vorbei, die hier zu Tausenden im Meer liegen. Der Mann darf das, er hat das Lotsen-Patent für genau diese Gegend in der Tasche. Es ist Punkt acht, der

Kahn nähert sich fahrplanmäßig der Kaimauer von Södertälje.

Unten, in der Messe, gibt es Frühstück. Heute hat der Ukrainer Teigfladen vorbereitet. Dort, wo er herkommt, bestreicht man sie mit Marmelade oder Zucker. Nicht ich, ich bin alles andere als ein Frühstückssüßer. Ich wähle stramm-deutsches Butterbrot, dann verlasse ich das Schiff, um mir ein bisschen die Beine zu vertreten. Das Vibrieren der Maschinen, das Zittern der Gläser und Flaschen, es geht mir jetzt schon ab. Schmuck sieht sie aus, die MS *Karina*, wie sie da neben einem unförmigen Pott im Hafenbecken liegt und sich zärtlich an die Pier schmiegt. Die Matrosen haben heute Vormittag frei. Radek erklärt mir, wie man zur Stadt kommt. Er meint, da ich doch in den Ferien bin, kann ich ruhig mal einen Ausflug unternehmen. Mitko, ein anderer, kommt mit Angelzeug vorbei und hält die Rute ins Wasser. Ich schieße Selfies für zu Hause. »No photo!«, zischt er. »Boss dagegen. Angeln verboten.«

»Weshalb sollten ausgerechnet Seeleute nicht fischen dürfen?«

Mitko holt die Angelschnur wieder ein. »Nix beißen. Zu kalt. Fisch tiefer. Da wärmer.« Er trollt sich zurück aufs Schiff, währenddessen sieht er sich ängstlich nach mir um. Matrosen, die nicht fischen dürfen, kommen mir vor wie Schauspieler, denen das Lesen untersagt ist, eine in sich widersprüchliche Behauptung zweier einander implementierender Begriffe.

Wir warten, bis die Hafenbrüder den Bauch eines anderen Schiffes geleert haben. Gegen eins soll es so weit sein.

Tatsächlich. Pünktlich schiebt sich der große Kran backbord an die Lady heran. Einige der Kisten werden abgeladen, neue kommen hinzu. Fasziniert betrachte ich den Vorgang: riesige Stahlsärge, vollgeräumt mit Gerümpel aller Art und angereist vom anderen Ende der Welt. Vielleicht liefern wir Rentierfleisch nach Schweden oder Reis nach Bali, einfach um den Welthandel im Gleichgewicht zu halten. Hier also wird das alles verladen, gebunkert und gestapelt – in Södertälje, Schweden, Ostsee, am Arsch der Welt.

Ich erinnere mich an ein Stück des schwedischen Autors Mikael Een, mit dem lustigen Titel *Knatte, Fnatte, Tjatte*. Im Theater konnten wir es nicht zeigen, weil die Uraufführung zu teuer gekommen wäre. Ein Dialog daraus bringt das Problem auf den Punkt:

A: Wir kaufen Reis in Grönland.

B: Da wächst kein Reis.

A: Richtig. Aber in Sri Lanka.

B: Warum kaufen Sie ihn dann nicht in Sri Lanka?

A: Weil er dort teurer ist.

B: Der Transport nach Grönland kostet auch was.

A: Ja, wenn er aus Sri Lanka käme. Er kommt aber aus Dänemark. Dann fährt er nach Estland, mit denen haben wir ein Handelsabkommen. So weit, so günstig. Sie können mir folgen? Bis nach Grönland ist es dann nicht mehr weit. Im Sommer geht's schneller.

B: Und nach Dänemark kommt er zu Fuß?

A: Der Kongo, Liberia, Mozambique, Tansania transportieren ihn an die Elfenbeinküste. In Afrika kostet die Arbeitskraft nichts. Von dort geht's hinauf. Den Transport finanziert der Menschenhandel. Der Reis fährt gratis mit.

B: Und wie kommt er in den Kongo?

A: Gar nicht. Da wächst er.

B: Ich dachte in Sri Lanka?

A: Das ist nicht der Reis, den Sie kaufen.

B: Doch. Ich kaufe Basmati Langkorn. Und der wächst in Sri Lanka.

A: Denken Sie. Was Sie kaufen, ist das Etikett. Im Sack ist etwas anderes. Soviel Reis kann dort gar nicht wachsen, wie unter dieser Marke verkauft wird. Den Unterschied zum Afrika-Reis schmecken Sie nicht. China produziert seinen Reis in diesen Ländern. Die Chinesen essen Reis aus Afrika, die Ceylonesen Reis aus Indien und die Inder den aus Sri Lanka. Niemand isst den Reis, der vor der Haustüre wächst.

B: Und ich?

A: Irgendeinen Billigreis. Völlig egal.

B: Und wer isst in Grönland Reis?

A: Kein Mensch. Grönland ist nur der Umschlagplatz. Der Reis wird um die Welt geschickt. Eines finanziert das andere. Wenn er einmal rundherum ist, ist er praktisch gratis, dafür aber doppelt so teuer.

Bordleben: Ein Schwätzchen mit Stanko, der bis aufs Borstenhaar einer polnischen Maus gleicht. Er ist Matrose und mit Sicherheit jünger, als er aussieht. Er freut sich, bald nach Hause zu dürfen – zu »Frau und Mama«, wie er in gutem Englisch gesteht. Ein halbes Jahr schiebt er schon

Dienst. Dann wird er vier Monate am Stück zu Hause sein und die Familie mit seinem Fernweh nerven. Seine Frau ist Kindergärtnerin. Im Sommer hat sie Urlaub, heuer wollen sie gemeinsam Ferien machen. Er kann es kaum erwarten. Seine Mausaugen glänzen, er schürzt die Lippen zu einem listigen Lächeln. Oft passiert das nicht, meint er, es ist Zufall, wenn sie mal zur gleichen Zeit frei haben. Zur See fährt er schon länger, als er denken kann. »Der Zweite ist in Ordnung«, raunt er mir unvermittelt zu. »Ist nicht immer so!« Der Mausmensch verdreht die Augen und bückt sich, als wollte er loskötteln.

Ich steige hinauf auf die Brücke. Hieb, Parade, Drehung – wupp. Ivan ist in seinem Element. Als ob er meine Ungeduld bemerkt, lässt er vom verfeindeten Ork ab, setzt seine rote Mütze auf, zieht Overall über T-Shirt und Kurze und nimmt den Hörer zur Hand. »We're leaving in some minutes. Do we have your okay, Sir?« Unverständliches Krächzen. Er schnalzt mit der Zunge und verlässt die Brücke. »Dann halt nicht«, murmelt er, geht nach draußen auf die Backbord-Nock und öffnet das Pult des seitlichen Leitstandes. Auch hier befinden sich alle wichtigen Instrumente, die das Schiff manövrierfähig machen. »Here we go!« Bilbo Beutlin wirft den Motor an. Ein Seufzen fährt durch den stählernen Riesen. Unten wieselt Stanko, die Maus, die Kaimauer entlang und wirft seinen Kollegen die Tauenden zu, die um die großen Poller gelegt waren. Bilbo gurgelt etwas auf Russisch und die MS *Karina* entfernt sich wie in Zeitlupe von der Hafenmole.

Wir unterqueren die E4-Brücke und schieben uns durch die Fußgängerzone von Södertälje. So fühlt es sich zumindest an, denn der schmale Kanal teilt die Stadt in zwei Hälften. Eine Brücke klappt hoch, Autos und Fußgänger werden angehalten. Unmittelbar vor uns öffnen sich die Schleusentore, hinter uns schließen sie, Wasser fließt ins Becken und die MS *Karina* wird um einen knappen Meter gehoben. Ein Lotse kommt an Bord. Bilbo verabschiedet sich mit einer übermütigen Verbeugung: »See you in Västerås!«, und weg ist er. Wahrscheinlich legt er sich aufs Ohr, verdient hätte er sich's, nach den vielen erschöpfenden Kämpfen gegen übermächtige Feinde.

Schiffe, die den Mälaren-See, den drittgrößten Binnensee Schwedens, befahren, sind auf die Männer aus Södertälje angewiesen. Für diese ist Lotse ein sicherer Job. Ebenso sicher fährt uns unser Lotse hinaus in den See. Schleusen und Kanäle verbinden ihn mit der Ostsee. Er liegt im Einzugsgebiet Stockholms, ist bis zu siebzig Meter tief und beherbergt eine Unzahl von Fischen, wovon der Stint die häufigste Art ist. Möwen, Reiher, Kormorane brüten am Seeufer. Unendlich viele Buchten, Inseln, Schären gleiten an uns vorbei. Backbord kommt Schloss Gripsholm in Sicht. Auf der Terrasse entdecke ich Tucholsky, neben ihm eine schicke Blondine, seine Geliebte, die er IA 47407 nennt (hierbei handelt es sich um das Autokennzeichen ihres Wagens), und Ernst Rowohlt, den Verleger. Sie sitzen in Wintermänteln bei einem wärmenden Schluck Roten und diskutieren den Beginn des gleichnamigen, noch ungeschriebenen Romans. Ausgelassen winken sie mir zu. Ich winke zurück.

Die Sonne verteilt glitzernde Diamanten auf der Wasseroberfläche. Vorerst ist das Knistern leise, kaum hörbar, dann wird es lauter und geht in Splittern über. Die MS *Karina* schiebt sich durch die Eisdecke, die den Mälaren-See um diese Jahreszeit gefangen hält. Das Eis birst und wird zu einem aufgesplitterten Geflecht aus Platten und Trennlinien, wie Prismen eines Kaleidoskops, aneinandergefügt und sich gegenseitig unendlich vervielfachend.

»Parlez-vous française!«
Västerås, 14. März

Der Mälarhamnar, der Frachthafen von Västerås, liegt ein gutes Stück außerhalb der Stadt, dort wo sich die Häuser der Peripherie verlieren und Fabriken an ihre Stelle treten. Heute will ich einen Ausflug in die Stadt machen. Ich nutze die Zeit des Löschens und Beladens. Henning, der Zweite, schärft mir beim Frühstück ein, pünktlich wieder zurück zu sein. »Einmal ging eine Touristin in die Stadt und kam nicht rechtzeitig zum Kahn zurück. Ich sage: ›Pass bloß auf, Mädchen!‹ Sie: ›Na, wird schon nicht so heiß gekocht …‹ Ich: ›Dass du dich da bloß nicht täuschst, mein Schnuckel! Ich sage: Wenn wir fertig sind, fahren wir. Und keinen Tipf später!‹«

Balu! Jetzt weiß ich's. Der Zweite gleicht Balu, dem Bären aus dem *Dschungelbuch*. Sein Bauch vollzieht die Roll-on-Roll-off-Bewegung. Er lacht, dass die Messe zittert. »Punkt sechs waren wir weg. Das alte Mädchen steht heute noch am Strand und guckt, wo der Pott liegt!« Für Balu beginnt der Tag gut. Obwohl, heute wird's eng. Die komplette Ladung muss gelöscht werden, auf Deck wird Platz gemacht für neue Kisten. Voraussichtliche Abfahrt: achtzehn Uhr.

Achtern, auf dem Poopdeck, dort, wo sonst die großen Leinen zusammengerollt liegen, ist die Gangway festgemacht, die einzige Verbindung zur Außenwelt. Auf meinem Frühstücksteller liegt eine Notiz. Wim hat mir den

Zugangscode für die Hafenschleuse notiert. Ich werde ihn beim Zurückkommen brauchen, ich könnte das Gelände sonst nicht wieder betreten. Über meiner Jacke muss ich eine neonfarbene Sicherheitsweste tragen. Vorschrift. Jeder, der sich über den Frachthafen bewegt, muss gut sichtbar sein. Zwei riesige, achtachsige Kranwägen haben sich an unseren Liegeplatz geschoben, die ersten Container werden an Land gehievt.

Ich gehe auf dem Sjöhagsvägen, dann an der Marina entlang, in Richtung Västerås. Gleich neben dem Rathaus sticht mir ein gelbes Gebäude ins Auge, groß und herrschaftlich. Ich traue meinen Augen nicht. Auf einer blank polierten Messingtafel steht »Centrum för tvåspråkighet«, was auf gut Deutsch »Zentrum für Zweisprachigkeit« heißt. Die große Uhr am Giebel des Gebäudes gibt die Zeit an: fünf Minuten nach zwölf. Ich setze mich, das muss ich erst einmal verdauen. Die Schweden sind dem übrigen Europa in Sachen Zuwanderung und Inklusion um mindestens zehn Minuten voraus. Während es bei uns diesbezüglich fünf *vor* zwölf ist, ist es hier bereits fünf *nach* zwölf. Ich nehme die veränderte Zeitrechnung als positives Signal und mache ein Belegfoto, zu Hause glaubt mir das sonst wieder keiner.

Direkt gegenüber steht das Västmanlands Teater. Vor vier Tagen hatten sie hier *premiär* (ich wusste gar nicht, dass ich Schwedisch kann) mit *Robin in the Hood*. Der Titelheld wird von einer Frau dargestellt, warum nicht. Sarah Bernhardt war Hamlet und meine Lebensfreundin Erni Mangold die Bernhardt (ich durfte das Stück als Festvorstellung zu ihrem Achtziger, mit dem großen Erich

Schleyer als ihrem Partner, inszenieren). Auch die Bill war früher mal ein Mann: Christian in *Cyrano de Bergerac*, sehr zum Missfallen der damaligen Intendantin. Meine Nachfolgerin hat in ihrer ersten Saison *Romeo und Julia* mit drei Romeos und ebenso vielen Julias gespielt. Am Theater ist alles erlaubt. Ob das Stück dadurch besser wurde, ist eine andere Frage.

An der Fassade des Hauses studiere ich den aktuellen Spielplan, Macht der Gewohnheit. Morgen steht das »Sopp-Teater« am Menüplan – während die Zuseher die Suppe auslöffeln, wird Theater gespielt, soll auch bei uns vorkommen. Vielleicht handelt es sich ja um eine Buchstabensuppe. Die Zuseher bekommen den Text vorgesetzt und haben ihn zu verdauen, Theater als Grundnahrungsmittel, was ich immer sage. Eigentlich heißt *Sopp* auf Schwedisch Müll, aber das, denke ich, wird den Damen und Herren Abonnenten hier wohl doch nicht zugemutet.

Vorsichtig drücke ich die Schnalle nach unten. Das schwere Holztor gibt nach. Ich bin drinnen. Unbemerkt schleiche ich durch das Foyer. Gedämpfte Stimmen. Eine der Saaltüren ist ein Spalt breit offen. Auf der Bühne eine Gruppe von Schauspielern. Aus dem verdunkelten Zuschauerraum höre ich: »Und bitte!« Ich trete auf. »Parlez-vous française?«

»Stopp!« Der Regisseur, ein Kleinwuchs, springt auf, eilt nach vorne und packt mich an der Schulter. »Parlez-vous française«, sagt er. »Verstehst du? Du sagst immer: ›Parlez-vous française?‹ Ich will aber ein glasklares ›Parlez-vous française?‹, kapiert?« Seine hervorstehenden Augen fixieren mich. »Verstehe«, sage ich und gehe ab.

Nach rechts. Der Regisseur zieht sich hinter das Regiepult zurück. »Und bitte!«

Ich trete auf. »Parlez-vous française?«

»Falsch!«

Ich gehe ab.

»Und bitte!«

Diesmal komme ich zügiger, entschlossener. »Parlez-vous française?«

»Nein! Zu schnell! Ich will es lauernder. Noch mal!«

Ich versuche eine lauernde Version. »Parlez-vous française?«

»Zuerst abgehen! Kurz warten. Dann, auf mein Kommando, Auftritt! Nicht so schwer! Ist ja kein Laienverein hier!« Der Regisseur wedelt ungehalten mit seinen kurzen Armen. Ich gehe ab.

»Und bitte!«, tönt es scharf. Ich trete auf. Meine Kollegen auf der Bühne stecken die Köpfe zusammen. Sie sind zwar schon länger dabei als ich, aber die Situation ist auch ihnen unangenehm. Entweder finden sie, dass ich schlecht bin, oder der Regisseur geht ihnen auf die Nerven. »Text!«, brüllt es aus dem Zuschauerraum. Ich blinzle hinunter. »Te-he-xt, verdammte Scheiße!« Der Kleine ist außer sich. »Parlez-vous française …«, flüstert Ilse, die Souffleuse. Aber ich habe den Text nicht vergessen, ich bin nur verwirrt. »Zu mir!«, brüllt der Zwerg. Die Probe ist unterbrochen. Unsicher gehe ich nach vorne an die Rampe. Hinter mir machen es sich die Schauspieler auf ihren Stühlen bequem. »Verstehst du nicht Deutsch?«, herrscht mich der Kleine an. »Parlez-vous française?‹ Ist das so schwer? Na los, sag es!«

Ich sage: »Parlez-vous française?«

»Bravo, geht ja! Genauso gehört das gesagt. So neben-her. Gleich noch mal!«

Ich gehe ab. Ich verstehe überhaupt nichts mehr. Ich könnte schwören, dass ich es vorhin genau so gesagt habe wie gerade eben, so kompliziert ist der Text ja nicht. Meine Kollegen bleiben vorsorglich sitzen, sie sind Profis.

»Und bitte!«

Ich atme tief durch, der Angstschweiß läuft mir über die Stirne. Als »Kostüm« habe ich in dieser Rolle einen Hut zu tragen.

»Was ist denn? Auftritt! Parlez-vous française!« Der Regisseur brüllt wie ein Spanferkel, das zu seiner Mutter will.

Ich trete auf. »Parlez-vous … « Jetzt hänge ich tatsäch-lich.

»Française!«, schreit es von unten herauf, »Française!«

»Sag ich ja«, sage ich.

»Sagst du nicht! Sagst du eben nicht! Du sagst ›Parlez-vous française?‹. Ich aber will ein glasklares ›Parlez-vous française?‹. Hörst du den Unterschied?«

Ich kämpfe mit den Tränen. »Klar. Parlez-vous française?«, flüstere ich.

»Klingt wie ein Hund! Du winselst. Abgang, Auftritt, Text! Noch mal! Und du musst den Text zügig bringen, sonst schlafen die Abonnenten ein! Selbstbewusstsein, Herr Kollege!«

Alle Blicke sind auf mich gerichtet, auch die Souffleuse starrt mich mitleidig an. Neben dem Regisseur, der wie ein Dompteur in der Mitte des abgedunkelten Zuschauerraumes steht, hocken die Assistenten, aufgereiht wie Hühner einer Legebatterie. Sie gackern zustimmend, das macht man, wenn man sein Engagement behalten will. Ich weiß, was sie denken: Jeder auf der Welt wäre für diese Rolle geeigneter als ich. Der Satz »Parlez-vous française?« ist längst der Hass-Satz der Produktion. Keiner kann ihn mehr hören, ich am allerwenigsten. Zu Hause habe ich ihn Tausende Male geübt. Täglich wird die Probe genau an dieser Stelle unterbrochen. Der Regisseur scheint ganz gierig darauf zu sein, mir anlässlich dieses lächerlichen Textes Schauspielunterricht zu geben. Ich gehe ab, komme wieder und versuche selbstbewusst zu klingen: »Parlez-vous française?«

Oh mein Gott, ja, ich weiß schon! Die Schauspieler, die kurzzeitig aufgestanden sind, setzen sich wieder hin. Ich verschwinde nach rechts – ich habe das »Und bitte!« nicht abgewartet. Laienverein. Schade, die Betonung war diesmal in Ordnung, finde ich. Das Fallbeil lässt nicht lange auf sich warten: Der Giftzwerg brüllt, dass der über dem Zuschauerraum hochgefahrene Lüster ins Schwanken gerät. »Zu mir! Die anderen, zwanzig Minuten Pause!«, lautet das Urteil. Im Theater bedeutet das lebenslänglich. Ich steige hinunter in den dunklen Saal und fühle mich wie auf dem Weg zur Exekution.

Diese Szene ist beinahe vierzig Jahre her. Sie hat sich original so abgespielt. Noch heute erwache ich schweißgebadet, wenn mich der schrecklichste Satz meiner Theaterlaufbahn im Traum einholt: »Parlez-vous française?«

Die Kollegen auf der Bühne waren Nentwich, Marecek und der junge Hirsch. Der Name des Regisseurs soll nicht verschwiegen werden: Fritz Zecha. Er war der Grund, weshalb ich bald darauf meinen Beruf verließ und Regisseur wurde. Das Stück war *Kasimir und Karoline* von Ödön von Horváth, die Rolle war die des Merkl Franz. Horváth lässt das Französische bewusst falsch aussprechen, um die mangelhafte Bildung der Figuren abzubilden. In einer Szene musste ich meiner Partnerin, dem Merkl Franz seiner Erna, einen Krug Bier ins Gesicht schütten. Meine Mutter war so erbost, dass sie tagelang nichts mit mir gesprochen hat. Ausgerechnet der Nentwich! Auch ihre Freundinnen, die sie stolz ins Theater eingeladen hatte, waren außer sich. Meine erste Premiere in der Josefstadt hatten sie sich anders vorgestellt. Als Wiedergutmachung wollte meine Mutter die nette Kollegin unbedingt zu uns nach Hause einladen. Ich war dagegen. Dann hat sie wochenlang nicht mit mir gesprochen. »Parlez-vous française?« Der Satz wurde zum Schicksalssatz meiner Karriere.

Ich schließe die Theatertür endgültig hinter mir und tappe auf leisen Sohlen in Richtung Altstadt.

Ich gehe über den Stora Torget, den alten Markt, die Västra Kyrkogatan hinauf, bis zum Dom. In den prächtigen Häusern rundum liegt die Residenz des Bischofs. Drinnen in der Kathedrale sind einige Schulklassen auf Lehrausgang und machen kräftig Lärm. Offensichtlich nimmt's der Kirchenchef hier nicht so genau. Der schöne, hohe Innenraum dient als Turnsaal, die Bankreihen halten heute als Hindernis-Parcours her. Vorne, am Altar, wird die Zwischenzeit genommen, die Läufer drehen ab und hasten das Seitenschiff zurück bis zum Start. Ich rette mich aus der Gefahrenzone und lande hinter dem Flügelaltar. Die Kirche stammt aus dem dreizehnten Jahrhundert. In einer Nische hinter der Apsis thront ein auffallend kleiner Sarkophag. Als er zu Restaurationszwecken geöffnet wurde, stellte man fest, dass dem armen König Erik XIV. die Beine abgesägt wurden. Seit über vierhundert Jahren hält er sie unter den Achseln festgeklemmt. Weshalb? Das Behältnis war zu kurz ausgefallen, auch Zimmerleute sind nur Menschen.

Der Dombezirk beherbergt noch eine weitere Seltsamkeit. 1623 wurde hier das erste Gymnasium Schwedens gegründet, das Schulhaus hält heute noch die Stellung. Auf der anderen Seite der Kirche befindet sich ein kleines, fensterloses Gebäude, das »Proban«. Es handelt sich um den Arrest der Gymnasiasten. Schweden war schon damals Vorreiter der erst viel später eingeführten Demokratie: Im Knast brummten nämlich nicht nur Schüler ihre Strafe ab, sondern auch deren Pauker. Ich befrage meinen *Lonely Planet*. Von dort einsitzenden Regisseuren weiß er nichts zu berichten.

Ich gehe Richtung Norden, in den Stadtteil Vallby. Dort ist das größte Freilandmuseum des Landes zu besichtigen. Niedrige, rote Spielzeughäuschen sind malerisch um einen Platz verteilt, ein ganzes Dorf wurde hier liebevoll nachgebildet. Auf den Arrest haben sie hier vergessen, dafür aber wurde ans Theater gedacht. Mir stockt der Atem. Im Folkets Park steht folgerichtig das Folkets Teater. Bevor ich zu viel an mein »Folkets Theater« denke, das sich tatsächlich manchmal wie ein Arrest angefühlt hat, nichts wie zurück …

Ich streife durch den alten Stadtkern Kyrkbacken. Niedrige Häuser, enge Gässchen, es würde mich nicht wundern, wenn ein Zug in Ketten gelegter Regisseure um die Ecke biegt. Ich suche nach Futter. Da ich mir zur Strafe dafür, unerlaubterweise einer Theaterprobe beigewohnt zu haben, die Nationalspeise Köttbullar als Mittagessen auferlegt habe, suche ich nach dem gelb-blauen IKEA-Schriftzug, dort muss es die bis zur Unkenntlichkeit zerbrutzelten Fleischbällchen geben. Gegenüber der großen H&M-Filiale – die glückbringende Textilkette wurde ebenfalls hier in Västerås gegründet – werde ich fündig: Bei einem Japaner schlage ich mir den Bauch voll. Auf die verordnete Buße wird zugunsten einer Extraportion Sushi verzichtet.

Es ist kurz vor sechs, die MS *Karina* nimmt immer noch Ladung auf: Kiste um Kiste wird auf das Vorschiff gestellt. Ich frage Balu, den Zweiten, wie viel man für einen Container-Transport von Amerika nach Europa ablegen muss. »Sechshundert Euro!« Er blickt mich an, als hätte ich ihm sein Honigtöpfchen weggenommen. »Nicht viel«, sage ich vorsichtig, weil ich nicht sicher bin, was genau er hören möchte. Ich merke, dass seine Laune kippt. »Nö, nicht viel. Gar nicht viel. Sogar sehr wenig. Wir fahren für 'n Apfel und 'n Ei.«

Lenni, der Koch, hat das Mittagessen aufgehoben, die Vollpension will abgedient werden. Ich trinke ein Beck's auf den kleinwüchsigen Regisseur und seinen ehemals verzweifelten Jungschauspieler. Wäre es damals anders gelaufen, säße ich jetzt, mitten in der Theatersaison, wohl nicht auf diesem prächtigen Kahn. Möglicherweise würde ich jetzt gerade in einer der beliebten Senioren-Vorstellungen auf der Bühne stehen, ein in Ehren ergrautes »Parlez-vous française?« auf den Lippen. Die Kollegen würden wohl immer noch abgewandt auf ihren Stühlen sitzen, nur der arme Hirsch hat in der nächstoberen Etage ein Anschlussengagement. Es wäre angesichts der Schönheit der Welt wirklich verdammt schade.

Ein Schlafplatz für die Nacht
Oxelösund – Nyköping, 15. März

Ein Zittern im Inneren des Schiffes, ich kenne die Sprache der eisernen Lady bereits. Kurswechsel. Ich brauche einige Zeit, um meine Augen vom Schlafmodus in den Wachzustand umzustellen. Wir befinden uns auf Zick-Zack-Kurs durch den Schärengarten vor Södertälje. Den Mälaren-See haben wir hinter uns gelassen. Käpt'n Ivan und Bilbo Beutlin in einer Person schiebt Wache. Es ist drei Uhr morgens.

»Why don't you sleep?« Wenn's dramatisch wird, dann werden seine Knopfaugen zu glänzenden Murmeln.

»Es ist einfach zu schön hier oben«, sage ich, und ich meine es auch genau so. Der Alte trainiert am Sandsack. Heute macht Bilbo die Orks endgültig platt. Um diese Zeit ist hemdsärmeliger Jazz angesagt. Lionel Hampton klöppelt am Vibraphon. Der Kahn fährt auf Autopilot. Manche der kleinen Inseln, an denen wir vorbeizirkeln, kommen mir bekannt vor. Während der Herfahrt war ich die ganze Zeit hier oben auf der Brücke. Durch die Schären zu fahren ist ein einzigartiges Erlebnis. Ivan macht Pause, kontrolliert den Radarschirm, legt die Route fest und tippt am Geschwindigkeitshebel – Routine. Dann hängt er sich ins Netz, hinten am Kartentisch. Ich will Seeluft schnuppern und gehe nach draußen. Der Fahrtwind ist bitterkalt. Vor den Inseln, dort, wo die rot gestrichenen Ferienhäuser stehen, dümpeln Schwäne und Enten. Ein Geschwader Wildgänse pfeift vorbei. Hockt da nicht hinter dem kleinen Nils Holgersson seine Tante Selma, die sich am Gefieder der fetten Leitgans festkrallt?

Zurück im Warmen. Keine Spur vom Käpt'n. Ich blicke mich um. Ich bin alleine. Ein Gefühl von Freiheit. Ob ich aus Spaß auf dem Kapitänssitz … Ich weiß, wie das Nebelhorn zu betätigen ist. Oder sollte man eine winzige Kurskorrektur …? Nichts davon. Ich stehe einfach so da und wage kaum zu atmen, so verführerisch schön ist der Moment. Ich möchte ihn festhalten. Für Augenblicke regiere ich über die »beste der möglichen Welten«, ganz im Sinn des Philosophen Gottfried Wilhelm Leibniz, der den jeweils derzeitigen Zustand als den »bestmöglichen« beschreibt. Wie lange habe ich davon geträumt, auf der Brücke eines Schiffes zu stehen, rund um mich die Unendlichkeit des Meeres! Der Steuerhebel fühlt sich angenehm kühl an. Nur eine kleine Handbewegung …

Jemand steht hinter mir. Bilbo ist schweißgebadet, genau wie ich. Die sich mir bietende Möglichkeit hat mich mehr erregt, als ich mir eingestehen will. Der Kapitän lächelt. Haut er unten in seiner Kammer zwischendurch ein paar Sit-Ups raus? »Man muss gesuuund bleiben!«, keucht er. Ich nicke. Dem ist nichts hinzuzufügen. Der Alte klopft mir auf die Schulter. Ein bisschen zu fest, wie mir scheint. Hat er etwas gemerkt? »Tea or coffee? American coffee, is more healthy!« Um halb vier in der Früh habe ich keine Lust auf Kaffee, nicht mal auf amerikanischen. »Danke«, sage ich und setze noch ein kleinlautes »Ich bin gesund« drauf. Aber Ivan hört es nicht mehr, er sitzt bereits wieder an seinem Rechner, hinten am Kartentisch, abseits der Kommandobrücke.

Vor uns taucht eine Schäre auf, unbedeutend, aber wir bewegen uns geradewegs auf sie zu. Am Radarschirm erkenne ich genau nichts. Ich habe meine Lesebrille nicht bei mir. Der Steinhaufen kommt näher. Ich blicke mich um. Der Käpt'n hängt im Netz und studiert aufmerksam einen Artikel. Ich öffne die Türe, in der Hoffnung, der scharfe Windzug würde ihn aufmerksam machen. Wir halten strammen Kurs voraus, genau auf die Insel zu. Ob ich …? Oder blamiere ich mich jetzt gleich bis auf die Knochen? Angenommen ich schliefe wie alle anderen auch, was würde geschehen? Nur mehr hundert Meter. Bilbo hat alles im Griff, kein Zweifel. Der Mann fährt seit Ewigkeiten zur See. Braucht es eine Landratte wie mich, um ihn darauf aufmerksam zu machen, dass ein Stahlkoloss von knapp hundert Metern Länge, mit einer Maximalbelastung von dreihundertsechs TEU – das entspricht fünfundachtzig großen LKW-Trucks –, jetzt gleich ungebremst auf eine verdammte kleine Schäre auffährt? Mache ich mich mitschuldig, wenn ich den Käpt'n nicht augenblicklich von seiner Website loseise und ans Steuer zurückbeordere?

Das Einzige, wozu ich fähig bin, ist, die Türe ein bisschen zu heftig zu schließen. Keine Reaktion. Ich räuspere mich. Was passiert, ist dies: Ivan, der Hobbit, blickt auf, sieht mich, schärft durch mich hindurch, schraubt sich von seinem Sitz hoch und nähert sich dem Pult, den Blick nicht von dem Steinhaufen lassend. Zügig, mehr als zügig wie mir scheint, greift er zum Stick und tut, was zu tun ist. Ein Zittern erfasst das Schiff und beschert den Schlafenden in den unteren Etagen wohl einen heftigen Traum. Die MS *Karina* ächzt. Steuerbord schrammt haarscharf die kleine Insel vorbei. Bilbo keucht, als hätte er soeben einen Feind aus Mittelerde besiegt. Hat er ja auch. »Spasibo, Maykl.« Er sieht mich an, wie das manchmal unter Blutsbrüdern vorkommt. »Spokoynoy nochi!«, radebreche ich, »Gute Nacht.« Ich verlasse die Brücke. Vorher werfe ich noch einen flüchtigen Blick auf den Rechner, der auf dem Kartentisch steht. Auf dem Bildschirm ist, der Größe nach geordnet, eine Auswahl russischer Panzer zu sehen. Zeit, mich aufs Ohr zu hauen.

Verknittert erwache ich. Es ist sieben vorbei. Ein strahlender Tag. Wir liegen im Oxelösund Hamn. Das Löschen ist in vollem Gang. Ich schieße ein paar Belegfotos vom gelb-blauen Portalkran, dessen Seilhubwerk sich vor- und zurückbewegt, um die Stahlkisten, eine nach der anderen, aus dem Schiffsbauch zu hieven und sie am Ufer nahe den Eisenbahnschienen abzustellen. Frühstückszeit. Der verkniffene Schiffsingenieur ist mit Wim in eine Diskussion über das Schlagen von Bäumen verwickelt. Zum Thema Holzfällen weiß ich genau nichts beizutragen. Am ehesten noch könnte ich von der *Erregung* Thomas Bernhards und seinem »Theater-Über-Leben« berichten. Ich verziehe mich nach oben und mache mich an meine Arbeit. Ich nutze die freien Stunden am Schiff, um die Bücher über meine letzten Reisen nach Vietnam und Burma zu redigieren.

Zu Mittag lasse ich mich wieder blicken. Lenni, der ukrainische Smutje, bestellt mir vom Kapitän, dass er in die Stadt fährt und ob ich nicht Lust hätte, mitzukommen. Der Tag ist viel zu schön, um ihn zu Hause zu verbringen.

Vor dem Fenster keckern die Möwen. Draußen, im Hafenbecken, sind die Inseln übersät mit Wasservögeln.

Bilbo und der eigenbrötlerische Kroate warten schon. Ich wage kaum, den Käpt'n anzusehen, so peinlich ist mir der nächtliche Vorfall. Auch er meidet meinen Blick. Wir überqueren das Hafengelände. Es ist bitterkalt. Der lokale Schiffsagent, zuständig für die Ladearbeiten unserer Fracht, bringt uns mit seinem Wagen zum Eingang des Hafengeländes, wo der Ingenieur einen Streit mit der zuständigen Security-Lady vom Zaun bricht. »We are not in North Korea!«, brüllt er und hämmert dabei gegen die Fensterscheibe des kleinen Container-Büros. Ich verziehe mich in Richtung Busstation, nehme den »Sieben-eins-fünf« und fahre nach Nyköping. Das Nest hat mehr Busstationen als Straßen. Aus phonetischen Gründen wähle ich »Lasarett«. Außer der *Kyrka*, einem Supermarkt und der Fußgängerzone mit den üblichen Schlüsseldiensten gibt es hier genau nichts. Um etwas zu erleben, kaufe ich ein Kilo Äpfel und entschließe mich zum Rückzug. Balu hat es mir noch mal eingeschärft: »Wenn wir fahren, fahren wir. Und keinen Tipf später. Da war mal 'ne Passagierin …« Nicht mal ein Taxi scheint es hier zu geben. Das Kaff ist weitgehend autofrei.

In einer *Turistinformation* erfrage ich den Rückweg. Nach etwa dreißig Minuten nähert sich ein SUV, auf dem Dach leuchtet ein Taxi-Schild, fett wie die schwedische Krone. »Zum Hafen!« Zwei dunkle Augen fixieren mich. Ich steige ein. Im Schritttempo rollen wir durch die Vorstadt, die sich in nichts vom Stadtzentrum unterscheidet. Am Rückspiegel baumelt eine ID-Card, auf der der Name Mohammed steht. Ich frage nach seinem Herkunftsland. »Vermutlich nicht Schweden?« Wie peinlich ist das denn! »Somalia.«

»Weit weg!« Eigentlich wollte ich sagen »Weiter Weg«. Aber egal.

»Sehr weit«, sagt Mohammed. Wie er Schweden so findet? »War nicht schwer zu finden«, brummt er. Die Konversation lässt sich zäh an, ich war schon mal besser. Wir erreichen die Autobahn. »Schweden ist Mitteleuropa eigentlich um mehr als nur um zehn Minuten voraus …« Ein nächster Versuch. »Bei uns ist es fünf vor zwölf.«

Mohammed sieht auf die Uhr, dann auf mich. »Bin seit sieben Jahren hier. War mit Boot unterwegs.«

»Ich auch«, sage ich und habe das Gefühl, dass alles, was ich grade von mir gebe, missverständlich ist.

Er lächelt: »I understand.« Wir nähern uns dem Hafengelände. Eine Zeit lang schweigen wir.

»War es schwer, Schwedisch zu lernen?«

»No, it's easy to find the right words. We all speak swedish, you know. My family, the hole community. Sweden is a great country.« Wir haben das Industriegebiet erreicht, das Land zeigt sich hier nicht gerade von seiner schönsten Seite.

»You know …«, sage ich und will Mohammed erklären, dass wir uns eigentlich schämen sollten, wir, im »Erstland« Europa, aber ich sage es nicht, weil ich nicht sicher bin, wie ich es am besten formulieren soll.

»I know«, sagt er. Weiß er, was ich sagen wollte? Er biegt in den Stal Port ein. »Here we are!«

Ich steige aus und zahle. »What was your first Swedish word?« Das Seitenfenster surrt herunter.

»Tack!«

»What does it mean?«, frage ich.

»Tack means thank you. As I told you, it's easy to find the right words.« Mohammed lächelt.

»Tack!«, sage ich. Jetzt verstehen wir uns doch noch.

Zurück am Schiff setze ich mich an meine Arbeit und trinke Whisky. Unten, an der Hafenmauer, dauern die Ladearbeiten immer noch an. Ein SMS aus der Heimat. Professor Kraus, der Doyen der Wiener Theaterdirektoren und langjährige Präsident der Nestroy- und Raimundgesellschaft, erkundigt sich nach meiner Ringgröße. Weshalb er das wissen will, buchstabiere ich zurück. Es klärt sich auf: Man will mir den Raimund-Ring verleihen. Eine hübsche Idee. Keine Ahnung weshalb, ich habe in meinem Leben nur einmal Raimund inszeniert, gespielt habe ich ihn nie, aber bitte.

Das Gespräch mit Mohammed geht mir nicht aus dem Kopf. Tausende von Seeschwalben umschwirren das Hafenbecken und lassen sich auf den umliegenden Dächern nieder. Dann heben sie ab, fliegen hoch hinauf in den Himmel und setzen erneut zur Landung an. Sie suchen einen Schlafplatz für die Nacht. Als ob all die Seelen der Schiffbrüchigen, in der Hoffnung auf ein großzügiges, freies Europa, zur Ruhe kommen wollten. Mohammed hat es geschafft. Er und seine Familie wurden willkommen geheißen. »Es ist ein gutes Land«, hat er gesagt. Er muss es wissen.

Die MS *Karina* ist jetzt voll beladen. Der Kapitän startet die Maschine. Aus den Boxen schmachtet Kirkorow. Bilbo Beutlin, der Hobbit, drückt den Schalthebel langsam auf »Speed«. Das Schiff löst sich von der Kaimauer und steuert, ächzend unter der schweren Fracht, der Nacht entgegen.

Der Zweite will Erster werden
Ostsee – Kiel, 16. März

Der Mond scheint in meine Kammer und taucht die Welt in silbriges Licht. Ich habe vergessen, die Vorhänge zu schließen, aber es macht mir nichts aus, die Nächte auf See sind schön. Alles ist weit und groß. Benommen vom Schlaf steige ich die steile Treppe hinauf.

Der Alte schiebt immer noch Wache, oder schon wieder. Es ist knapp nach vier. »What kind of tea you prefer at that time of the day?« Seine Knopfaugen blitzen spitzbübisch. Eigentlich wollte ich mich gar nicht wirklich wecken, aber wenn ich schon mal hier oben bin …

»Frucht«, sage ich.

»China-Block, better«, und er gießt kochendes Wasser in eine Tasse. Auf dem Bord vor ihm liegt ein Heft. Auf den Seiten sind Einschusslöcher. Der Typ verblüfft mich täglich mehr. Ich setze meine Lesebrille auf. Mitnichten Löcher. Es handelt sich um Fingergriffe auf einem Gitarrensteg, die als fette Punkte markiert sind. »Are you learning guitar?« Er glotzt mich an. In dem Moment schnellt er hoch, schnappt sich das Hartgummimesser und springt den verfeindeten Sandsack an. Vor, Drehung, Sprung, Kick, Drehung, Stich. Keuchend lässt er ab. »Training gesuuund!« Aus dem Lautsprecher winselt der Finnische Meerbusen. Ich sage: »You like this singer?«

»No!«, knurrt er, »I hate him!« Er drückt die CD aus dem Player und schlenzt eine andere hinein. Metal zerreißt die Stille … Die MS *Karina* auf Nachtfahrt, entlang der Insel Gotland, Kurs Kiel-Holtenau. Ostsee.

Ich sage: »Ich lege mich noch mal kurz hin.«

»Schlaf gesuuund!« Bilbo fingert am Radarschirm herum wie auf einer Playstation und nimmt einen Schluck China-Block. Am Horizont erscheint ein rötlich-blauer Streifen. Noch steht der Mond am Himmel, aber auf Backbord wird in absehbarer Zeit die Sonne aufgehen.

Unten, auf meiner Kammer, mache ich mich an meine Schreibarbeit. In der Früh fällt mir alles leichter. Nach einer Stunde zieht es mich wieder hinauf. Inzwischen schiebt der Zweite Wache. Dreizehn Knoten, Kurs Südwest, Nord-Ost-see-Kanal. Der Hüne sitzt da, als wäre er mit dem Kapitänsstuhl verwachsen. »Moin, Moin!«, sage ich.

»Gleichfalls.« Er zieht an seiner E-Zigarette und stößt eine gewaltige Rauchschwade aus. Draußen könnte die Sicht nicht klarer sein, drinnen herrscht dichter Nebel, man sieht die Hand nicht vor dem Gesicht. Balu ist gerade nicht gesprächig.

Um acht gibt's Frühstück. »The same as every day, Sir?« Lenni kommt von draußen, die Kapuze verdeckt sein Gesicht, als hätte er gerade eine Bank überfallen.

Ich sage: »The same as every year, James!«

Er lächelt, wirft zwei Eier in die Luft, sie klacken gegeneinander und landen in der Pfanne. »National Circus, Place of Victory, Schewtschenko, Kiev!« Er verneigt sich und entfernt die Schalen, während die Eier zischend anbraten.

In der Messe sitzt inzwischen auch der Zweite. »Ich habe geklopft«, sagt er.

Ich: »Oh, sorry. Nicht gehört. Ich war in Hue, Vietnam!«

Balu starrt mich an. »Wir hatten mal 'nen Passagier, der hatte sie nicht alle – ist rein in die Kammer vom Käpt'n, um den Fernseher rauszutragen, weil seiner nicht mehr wollte. Er wusste nicht, dass auf See kein Empfang ist. Der Alte hat ihn von Bord gesetzt. Wurde später abgeholt.« Er lacht und sein Bauch vollführt die Nord-Süd-Bewegung. Der Zweite hat immer eine passende Anekdote parat.

»Ich schreibe Geschichten. Reisegeschichten …«

»Ach so«, sagt er, »meinte ja nur.«

Um ihn auf andere Gedanken zu bringen, komme ich auf das gestrige Beladen in Oxelösund zu sprechen. »Wir sind proppevoll!«, stöhnt er. »Keine Maus passt mehr drauf! Hab malocht für zwei. Will auch mal Erster werden!«

Ich sage: »Erster? Wir haben doch schon einen Ersten!«

»Ist meine letzte Fahrt als Zweiter. Traum, meinerseits. Will auch mal hoch.« Henning, der Zweite, will's wissen. Auf der nächsten Tour wechselt er in eine höhergelegene Kammer, in die direkt unterhalb des Alten. So gehört sich das auf Schiffen. Aufstieg nennt man das. »Ich finde das großartig …« sage ich. »Von wegen Traum erfüllen und so. Bin übrigens auch gerade dabei. Ich meine, ich kann das gut nachfühlen. Michael –«, und strecke ihm die Hand hin. »Wenn mich nicht alles täuscht, bin ich der Ältere. Sehe zwar nicht so aus, aber ist so.« Schön langsam verfalle auch ich in die knappe Seemannssprache.

»Henning«, sagt Balu. Wir schütteln einander die Hand. »Sie müssen wissen, ich tue mir schwer, mit dem

Duzen und so. Besonders mit Älteren, ich meine … Bin einfach so erzogen. Bitte. Danke. Verstehen Sie?«

»Du!«, sage ich, »Ja, ich verstehe.« Der freundliche Riese sieht mich mit seinen dunklen Augen an, als ob er gerade ein Honigtöpfchen verdrücken könnte. Einige Minuten lang passiert nichts. Seebären müssen nicht immer quatschen. Um aus dem Schweigen herauszufinden, sage ich: »Ich möchte meine Kammer … Ich meine, gibt's hier einen Sauger oder so was?« »Klar. Zeig's Ihnen!« Er blickt schuldbewusst zu Boden, dann springt er auf. »Komm mit!« Wir steigen die Steigleiter hinauf.

In einer der Kammern ist alles, was man zum Saubermachen braucht. Der Zweite will also Erster werden. Alles klar. Henning öffnet den Wäschetrockner, fischt sein Zeug heraus und trägt es in seine Kammer, wie ein Schuljunge, der sein Säckchen zum Turnsaal trägt. Hier draußen sind alle gleich. Ich schnappe mir den Sauger. Unterwegs treffe ich Stanko, die Maus, ebenfalls mit Putzzeug in der Hand. Offenbar ist heute Großreinemachen. »Morning, Sir!«

»Morning, Sir!« Und zu Henning sage ich: »Was wolltest du, als du bei mir geklopft hast?«

»Och, nichts. Wollte nur mal anfragen, ob Sie 'n Kaffee möchten. Äh … Aber ist ja nun nicht mehr aktuell.«

»Alles klar«, sage ich. Danach setze ich mich wieder an die Arbeit. Ich muss vor allem das Vietnam-Buch redigieren, zurück in Wien muss ich abgeben – die lieben Damen vom Verlag scharren schon mit den Hufen. Erst zu Mittag verlasse ich meinen Adlerhorst wieder. Essen – Messe, Wache – Brücke, Laptop – Kammer, Alltag – Schiff. Es herrscht klares Wetter. Vierzehn Knoten voraus.

Am Abend hat Henning, mein Neo-Du-Freund mit den traurigen Augen, Dienst auf der Brücke. Ich leiste ihm Gesellschaft und darf auf den Kapitänssitz. Balu erklärt mir ein paar technische Details. Beinahe viertausend PS hat der Pott. Der Motor läuft gleichmäßig »durch«. Durch Verstellen der Schiffsschraube reguliert sich die Geschwindigkeit, dadurch ist der Kahn flinker manövrierbar. Die Vor- und Rückbewegungen greifen rascher. Ich absolviere einen Schnellsiedekurs in Sachen Kapitänspatent für die Nord-Ostsee-Passage mit mittelgroßer Tonnage. Und noch etwas erfahre ich: Die Lotsen des Kanals sind in einer autonomen Bruderschaft zusammengeschlossen, sie wählen ihre Belegschaft selbst. Wer dazugehört, hat ausgesorgt. »Das wäre meins!«, sagt Henning. Wenn er erstmal Erster ist, wird das sein nächstes Ziel sein. »Du brauchst nur genügend Kreuze hinter deinem Namen. Je mehr Kreuze, desto mehr Stimmen. Und wennste drin bist, biste drin. Vier- bis fünftausend im Monat. Netto. Schlecht?«

Der Funk quäkt. Es ist Brauch, dass die Schiffe einander grüßen, von Kahn zu Kahn quasi. Balu grüßt zurück. Radio Rostock meldet sich. Die MS *Karina* kommt langsam in Küstennähe. Ich verabschiede mich von meinem neuen Freund. »Schlaf gut!« Das Du hat sich durchgesetzt. Balu hat Vertrauen gefasst in die Landratte, die so gerne Seebär wäre. Ich sage: »Wann musst du wieder ran an den Speck?« »Um zwei. In Kiel. Da wartet meine Süße. Und meine Kleine. Die wollen Papa sehen. Und frische Wäsche bringen sie mir auch!« Auf Bräute ist Verlass. Mitten in der Nacht am Kanal stehen, eine Runde frieren, nur um auf die Schnelle Papa zu sehen.

»Sieht nach Liebe aus«, sage ich. In seinen Augen glitzert Wehmut. »Sieht so aus.« Dann wendet er sich ab. Seeleute tun sich schwer mit Gefühlen. Er stellt den Autopiloten auf zwo-null-eins, Südsüdwest. »Ist es auch, verdammt.«

Der Sturm
Brunsbüttel – Nordsee, 17. März

Die MS *Karina* macht in der Schleuse Kiel-Holtenau fest. Gelbes Licht weckt mich. Notdürftig ziehe ich mich an und klettere auf die Brücke, um nur ja nichts vom Anlegemanöver zu versäumen. Die Kaianlagen sind mit Natriumdampflampen ausgeleuchtet, wie man sie zur Nachtbeleuchtung von Industrieanlagen benutzt. Am Theater habe ich sie manchmal als Effektlicht eingesetzt. Die Apparate entwickeln erst allmählich die volle Lichtstärke, dabei entsättigen sie die Bühnenfarben so sehr, dass monochromatische Einfarbigkeit die Folge ist. Bei meiner Volkstheater-Inszenierung von *Liliom*, dem rührseligen Vorstadtmärchen von Franz Molnar, waren sie im Einsatz. Robert Palfrader (Liliom) und Christoph F. Krutzler (Ficsur) haben in diesem Licht an einem Bahndamm auf den Geldboten Linzmann gewartet. Die Szene verlangt eine gewisse Irrealität, stellt sie doch den Übergang vom Diesseits ins Jenseits dar. Ein Schuss fällt, Liliom torkelt an einen Lichtmast, geht zu Boden, stirbt. Zumindest in meiner Version. Laut Molnar richtet sich der Bursche selbst, indem er sich ein Messer in die Brust rammt. In allen Versionen, die ich sah, inklusive der, in der ich selbst Ficsur war, ergab dies einen kapitalen Lacherfolg. Das wollte ich »meinem« Liliom ersparen.

»Moin, moin!« Ich erschrecke. Die Lotsen kommen an Bord. Der Gruß klingt wie ein Schusswechsel, knapp

MS *Karina*: Zufahrt aus der Elbe

Mein neues Zuhause

Das Poopdeck

Ostsee, der erste Tag:
auf der Brücke

Rundgang auf
der MS *Karina*

Auf dem Nord-
Ostsee-Kanal

Die vorderen
Festmachleinen
des Schiffs

Seebär auf Zeit

Bilbo und sein Feind aus Mittelerde

Einfahrt in den Hafen von Södertälje

Fahrrinne
durch den
Mälaren-See

»Fahrt« durch die Fußgängerzone von Södertälje

Der Yachthafen von Västerås
im Winterschlaf

VästmanlandsTeater

Dan i samtal Robin in the Hood Soppteater

Das Västman-
lands Teater weckt
Erinnerungen.

Richtung Stora Torget, des alten Markts von Västerås

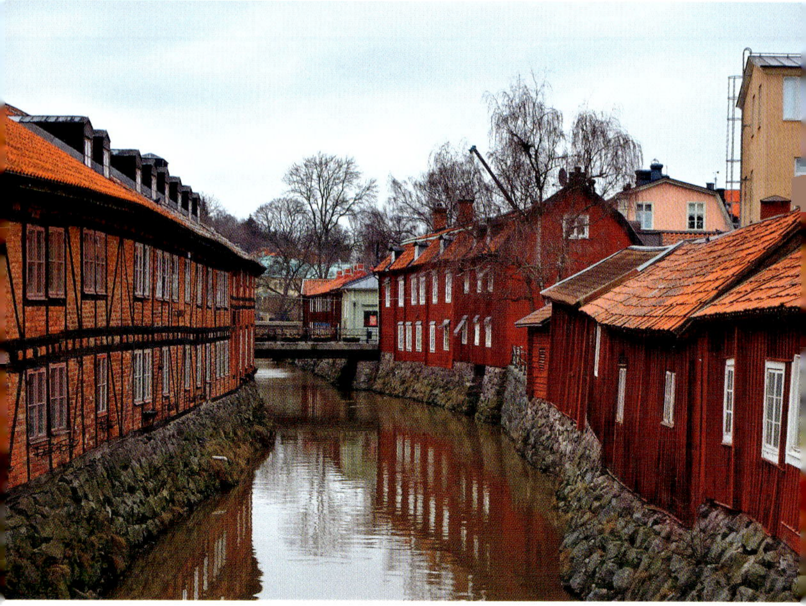

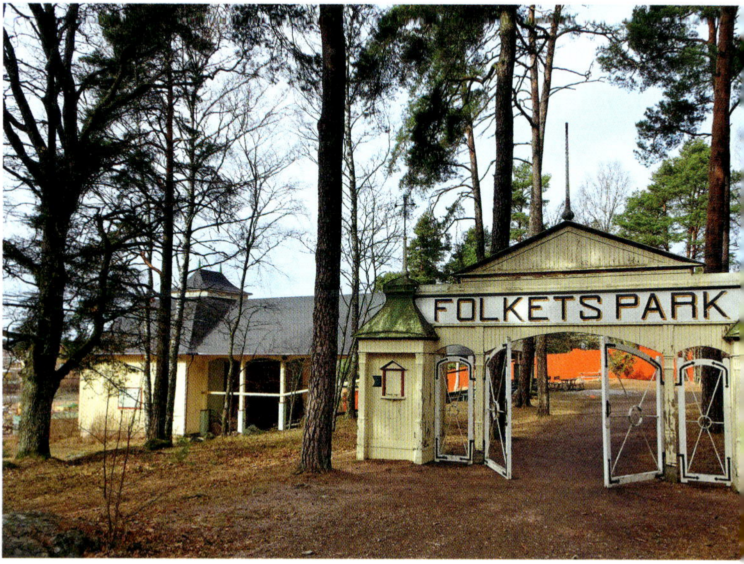

Das »Volkstheater«
in Vallby

Der alte Stadtkern
Kyrkbacken, Västerås

Verladearbeiten im Hafen von Västerås

Stadtbummel durch Nyköping

Ein Schlafplatz für die Nacht: der Hafen von Oxelösund

Schleuse Brunsbüttel vom Nord-Ostsee-Kanal aus

Die Holy Trinity Church,
heute Hull Minster

Wilberforce House
Museum, Hull

Maritime Museum,
Hull

Die Über-
reste des York
Castle

Fish & Chips
im *Lion and
Key*, Hull

Die Shambles
in York

Ein Hafen kommt einem Hochsicherheits-
trakt gleich: King George Dock, Hull

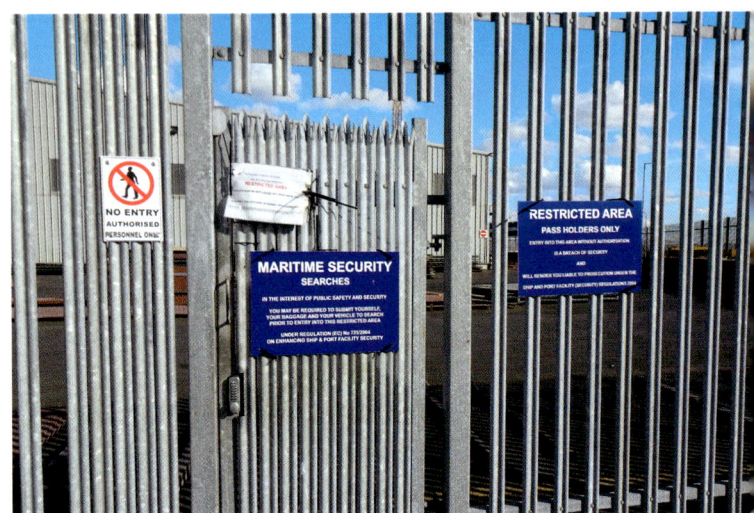

Überfahrt Richtung Kontinent

und präzise, so wie jener, der den armen Vorstadtbeau getötet hat. Wir Seeleute machen nicht viele Worte. Wozu auch. Ist viel zu kalt für. Draußen verrichten die Matrosen ihre Arbeit, unterstützt von den wenigen Hafenarbeitern, die um diese Zeit – es ist vier Uhr früh – Dienst schieben.

Holtenau war früher mal ein kleines Dorf in der Nähe von Kiel, zu Anfang des letzten Jahrhunderts wurde es der Stadt eingemeindet. In der Nähe der Schleuse sind heute viele Restaurants und Terrassencafés untergebracht, von wo aus die Touristen gute Sicht auf die Anlage haben, um die Abfertigung der großen Überseeschiffe zu beobachten. Zeitig am Morgen ist alles wie ausgestorben. In dem etwas aus der Zeit gefallenen Haus mit der Aufschrift »Hermann Tiessen Schiffsausrüstungen« wird sauber gemacht. Die Kneipe hat ihre große Zeit hinter sich. In den Neunzehnzwanziger-Jahren eröffnete der alte Tiessen sein Kontor. Später wurde die Straße nach ihm benannt. Hier gab es alles, was Seefahrer brauchten. Man orderte, Tiessen lieferte. Das Lager glich einer nie versiegenden Schatzkiste. Einmal bestellte ein Kapitän für seinen Kahn ein Klavier. Tiessen lieferte. Ein anderer wollte eine Tischtennisplatte für die Mannschaft. Tiessen lieferte. Mein »Beck's und 'ne Kiste stilles Wasser« sind für seine Nachfolger wohl kleine Fische. Heute ist in dem ehemaligen Geschäftslokal ein Café untergebracht. Nur die bis an die Decke reichenden Wandregale erinnern an den einstigen Tante-Emma-Laden. Das anschließende *Schiffer-Café* hat nur mehr im Sommer geöffnet. Im Winter dient es dem hiesigen Tanzverein als Schwof-Lokal.

Tango-Argentino-Fans kommen jeden Sonntag voll auf ihre Rechnung. Mit steinernen Mienen und hochhackigen Schuhen schieben sie einander durch den Raum: Vor, Vor, Kopf-Kopf, Rück, Rück, Kopf-Kopf, Drehung, Hacke, Schluss.

Auf dem Kai steht die Seemannsbraut neben einem übermüdeten Kind, das ein Wäschesäckchen in der Hand hält. Ein scheuer Kuss, Henning lehnt sich über die Bordwand. Mitbringsel wandern von Hand zu Hand. Es ist arschkalt. Ich stehe auf dem Poopdeck und traue meinen Augen nicht. Stanko hält einen Farbroller in der Hand und streicht seelenruhig das rostige Fallreep. »Morning, Sir! Why don't you sleep? You are in holiday. Go to bed!« Streng rollen die Mausaugen, das soll der Aufforderung den nötigen Nachdruck verleihen.

Ich sage: »Du arbeitest ja auch!«

Er: »Ich arbeite vierundzwanzig Stunden am Tag. Schlafen tue ich erst in drei Wochen, zu Hause, bei Frau und Mama. Aber dann für ein paar Monate.«

Ich weiß nicht, was den Zuhause-Gebliebenen lieber ist: ein Mann auf See oder einer, der drei Monate durchgehend im Bett verbringt. Mitko macht die Festmacherleinen los und die Matrosen ziehen sie über die großen Winden ein. Der Stahlkoloss schrammt an der Kaimauer entlang. Von einem der Container erhebt sich eine Möwe und lässt sich hoch in die Luft hinauftragen. Sie wird sich auf einem der Lichtmasten jenseits des Tiessen-Kais niederlassen, feindselig in die Welt starren, immer auf der Suche nach einem zu ergaunernden Leckerbissen, um sich endlich auf dem nächsten Containerriesen niederzulassen und missmutig von einer Stahlkiste zur anderen zu stolzieren.

Ich ziehe mich in meine Kammer zurück und falle endlich in Schlaf. Die Fahrt durch den Kanal ist ruhig. Um sechs bin ich wieder auf den Beinen. Ich stehe auf der Brücke und friere – mal wieder. »Du solltest schlafen. Was machst du um diese Zeit hier oben?«, fragt Balu. Weshalb muss ich mich immer rechtfertigen, weil ich nicht schlafe? Er hat ein frisches T-Shirt an, an den Schultern stehen die Bügelfalten nach oben. »Ohne mich läuft in dem Saftladen doch nichts!«, sage ich und vergesse, dass hinter mir die beiden Lotsen sitzen. Sie sehen zuerst mich, dann den Zweiten an. Ups, auf die Typen habe ich doch glatt vergessen. Na schön, ging in die Hose. Hoffentlich wird's trotzdem was für Balu in Sachen Lotsen-Bruderschaft. Ich verziehe mich nach draußen, wo ich noch mehr friere. Möwen umkreisen den Bug und fliegen kreischend hinüber zu den Industriegebäuden. Mein Blick streift über Frachtkähne, Autofähren und Raffinerieanlagen. Die stickige Abluft des Dieselmotors wärmt mich. Es riecht genauso, wie ich es mir immer erträumt habe: Diesel, Eisen, Rost, Farbe. Verglichen mit den sterilen Kreuzfahrtschiffen, die nach Esteé Lauder und dem Sonnenöl weißhäutiger US-Girls und deren Mamis riechen, eine Wohltat.

Ivan, der Kapitän, übernimmt, die Lotsen gehen von Bord. »Moin, moin!«, und weg sind sie. »Es ist Sturm angesagt«, knurrt er, »Guttt für Buch!« Es hat sich also herumgesprochen. Gestern, als Balu kurz bei mir vorbeischaute, war mein Laptop geöffnet. Wie unvorsichtig.

Ich muss achtgeben, dass mich das innerhalb der Crew nicht isoliert.

Die MS *Karina* biegt in die Fahrrinne der Elbe ein, lässt Cuxhaven hinter sich und dampft hinaus in die Nordsee. »When weather is bad, you can't write, I promise you. You have to survive.« Dem ist nichts hinzuzufügen. Bilbo studiert den Fahrplan. Bei der nächsten Passage von Schweden nach Belgien hinunter wird es unangenehm, meint er. »Werden Stahlplatten an Bord haben. Könnte destabilisierend sein.« Eine Wettermeldung aus Cuxhaven kommt herein. Irgendwo draußen stehen Gewitter. »No guttt!«, brummt der Alte. Ich verziehe mich in meine Kammer und vertiefe mich in die Arbeit. Gerade wandere ich eine glühend heiße, endlos lange Straße auf Phu Quoc entlang, einer Insel im Süden Vietnams. Wort für Wort gehe ich den Text durch. Auf dem Schiff zu arbeiten, ist wunderbar. Es gibt keine Störung. Ich sitze in meiner kuscheligen Kammer und an den Bullaugen zieht die Welt vorüber. Besser geht's nicht.

Essenszeit. Lenni, der Koch, stellt die Suppe auf den Tisch. Er sieht mich an, als würde er gleich in Tränen ausbrechen. »I have to tell you, Sir ...«

»Gerade heraus«, sage ich, »Ich habe vierzig Jahre Theater hinter mir.«

Lenni sieht mich an, als wollte er mich vor einem Schicksalsschlag bewahren. »Ich habe Meldung vom Käpt'n. Machen Sie die Kammer dicht, Sir, und geben Sie acht. Ich bringe jetzt das Essen.« Es fühlt sich an, als ob er mir die Henkersmahlzeit auf den Tisch stellt. Ich esse. Vorsichtshalber nicht zu viel, man weiß ja nie. Eigentlich freue ich mich auf den Wetterumschwung. Die See war bisher spiegelglatt, und ich habe nichts dagegen, auch mal raueres Wetter zu erleben.

Nach dem Mittagessen geht's los: Vor uns baut sich eine Wolkenbank auf, wir halten genau drauf zu. Der Kompass zeigt auf zwo-sieben-null West. Von meiner Kammer aus sehe ich normalerweise das Vorschiff und weit darüber hinaus, bis zum Horizont. Und genau dort, Schiff voraus, ist es schwarz wie Lakritze. Ich versuche, mich auf meine Arbeit zu konzentrieren. Der Bug hebt sich und senkt sich, steigt hoch und klatscht hinunter. Ich versuche aufzustehen, taumle quer durch die Kabine in Richtung Kasten. Auf See kündigt sich schlechtes Wetter langsam an, alles baut sich sehr gemächlich auf. Dann aber geht es schnell. Das Unwetter ist offensichtlich seit Langem im Anrollen. Zu allem Überfluss ist auch noch das Netz zusammengebrochen. Zum Telefonieren hat es ohnehin nie gereicht, aber ein SMS konnte ich manchmal abschicken. Dass es im Angesicht des aufziehenden Sturms nicht funktioniert, ist besonders ärgerlich, schließlich möchte man nicht, dass sich die Liebste zu Hause Sorgen macht, wenn sie den Wetterbericht mitverfolgt.

Ich beginne, die Kammer wetterfest zu machen. Welle. Ich verliere den Halt und finde mich quer über dem Bett liegend wieder. Ich ziehe mich hoch, will zum Tisch, Welle – und lande im Badezimmer. Es ist halb drei Uhr nachmittags, draußen herrscht tiefe Nacht. Scheinwerfer tasten die schwere See voraus ab. So weit ich sehen kann: Schaumkronen. Irgendwie fühlt sich das alles nach verdammt schlechtem Wetter an. Die Ladung für England ist dürftig. Zwar reichen die Containerberge bis knapp unter mein Fenster, aber der Laderaum ist fast leer, was sich negativ auf den Tiefgang des Schiffes auswirkt. Welle. Ich knalle gegen den Tisch. Der Zweite, der Erster werden will, meinte, dass die Ladung am Vordeck etwa hundertfünfzig XXL-Trucks entspricht. Nicht übel für einen Hundert-Meter-Kahn. Welle. Ich kralle mich am Kasten fest. Fieberhaft arbeite ich am Verstauen der Requisiten: Gläser, Äpfel, Schreibzeug, Wasserflaschen. Die Bude ist zwar sturmsicher gebaut, dennoch, nicht alles hat einen gesicherten Platz. Die Wasserflaschen verstaue ich im Kasten unter der Wäsche. Meterhohe Wellen brechen über das Vorschiff. Ich werde in Richtung Bett geschleudert und lande in der Duschtasse. Wasserfontänen spritzen bis zu meinem Bullauge herauf, direkt unter die Brücke, und das sind mindestens zwanzig Meter. Ich robbe zum Schreibtisch, klemme mich hinter den PC und starre hinaus. Welle. Der Bug schraubt sich in die Höhe und fällt tief hinunter. Die MS *Karina* kämpft sich durch die aufgewühlte See. Ich hantle mich über die steile Treppe nach oben.

Der Kapitän aus Mittelerde sitzt da und studiert seelenruhig seine Gitarrenriffs. »Vierundachtzig«, schmeichelt eine tiefe Stimme aus dem Lautsprecher. Gleich darauf dröhnen hart geschlagene Riffs aus den Boxen. »Fünfundachtzig, sechsundachtzig.« Verzerrte Akkorde. Bilbo ist in seinem Element. Das Schiff hebt sich und taucht ab. Welle um Welle. »Siebenundachtzig, achtundachtzig, neunundachtzig.« Der Typ vollzieht alles auf seiner Luftgitarre nach, während draußen die Welt untergeht. »Viiiel Arrbeit – Muuuusik!«, brüllt er, »Besser als Kirkorow!« Ein Brecher schlägt gegen den Schiffsrumpf, so laut, dass ich glaube, er bricht entzwei. Die Szene wird immer skurriler. »Habe ich nicht gesagt, Wetter nicht *guttt?*« Um irgendwas zu tun, stecke ich meine Nase nach draußen. Der eisige Sturm reißt mir die schwere Eisentüre aus der Hand, am Retourweg erschlägt sie mich beinahe.

Ich finde mich inmitten jener Gewalten wieder, die William Turner zu Anfang des neunzehnten Jahrhunderts so meisterhaft auf die Leinwand brachte. Licht, Wasser, Natur. Die Elemente stellen die Apokalypse dar: Sturm, Sintflut, brennende, zerschellende Schiffe. Turner hält Augenblicke des Schreckens fest. Die Grausamkeit aufgewühlter Natur erzählt auch von der Schönheit der Schöpfung. Die Verletzlichkeit, der wir angesichts des Unausweichlichen ausgesetzt sind, macht betroffen.

Stufe um Stufe kämpfe ich mich hinunter auf Kammer. Die Welt draußen ist längst eine andere: feindselig, rachsüchtig, voll von Grausamkeit. Ich denke an Dantes Inferno. Das Schöne verschmilzt mit dem Schrecken des Unbewussten. Ich verkeile mich auf meinem festgeschraubten Sessel und versuche, mich auf meine Arbeit zu konzentrieren. Draußen bricht das Unwetter erst richtig los. Die MS *Karina* ist den Elementen hilflos ausgesetzt. Ich sitze in einer Nussschale inmitten der aufgewühlten Nordsee und bete. Und dafür geniere ich mich nicht. Ob es schlimmer wird? Es wird.

Angekommen!
Nordsee, 18. März

Kurz nach siebzehn Uhr beordert mich Wim, der Erste Offizier, nach unten in die Messe. »Willst du nichts essen?«

Ich sage: »Essen? Hat jemand Hunger bei diesem Wetter?«

»Der Koch will die Kombüse verpacken. Wird 'ne strenge Nacht. Ein paar Bissen würden dir guttun.«

Folgsam tapse ich die Hühnerleiter hinunter. Lenni erwartet mich schon. Er steht breitbeinig da, sturmerprobt, ein Messer in der Hand. Ich zucke zusammen. Er deckt den Tisch auf. Die Hochschaubahnfahrt ruft bei mir erste Anzeichen von Halluzination hervor. Ich bin spät dran, Essenfassen ist für fünf angesetzt. Auf dem Schiff herrschen eigene Bräuche. Erinnert an Krankenhaus oder Knast. Ersteres ausprobiert, das andere zum Glück nicht. Heute gibt es Spaghetti, darüber eine bleiche Pilzsauce. Optisch wirkt die Pasta schon einigermaßen »verarbeitet«. Das Ganze könnte auch als Kunstwerk von Daniel Spoerri durchgehen. Wegen der permanenten Schräglage des Schiffes hat das sonst so akkurat aufgelegte Gedeck eine vertikale Ausrichtung, als hinge es an der Wand.

»You have to eat something …«, Lenni sieht mich traurig an. Gebe ich tatsächlich einen so erbärmlichen Anblick ab? Oder weiß er um die Qualität des Essens? Was wollen sie alle von mir? Die Wahrheit ist: Sie wissen, was uns bevorsteht. Die Nacht wird hart, sie befürchten, dass ich schlapp mache. Ihre Angst ist fehl am Platz. Ich bin ein Seeteufel, ich lange kräftig zu.

Wim, der Erste, haut sich die Nudeln rein, als wäre er mit jeder von ihnen verfeindet. »Ich esse nur, damit mir nicht schlecht wird. Jedes Mal dasselbe nach dem Heimaturlaub. Ich brauche Wochen, bis ich mich an die Bewegung gewöhne.« Mit Wim habe ich damals an der Schleuse gewartet, wir haben gleichzeitig unseren Dienst angetreten. Die Woche ist schnell vergangen. Ein Becher fällt zu Boden, Wim hebt ihn auf, dabei rutscht sein Teller in Richtung Tischkante, ich will helfen – zu spät. Was ich zu greifen kriege, sind die Nudeln. Der Teller fällt zu Boden und zerbricht. Wim lacht. Seine Gesichtsfarbe ist weiß wie die Wand. Das ist der Heuler: Der Erste Offizier, ein Mann der seit mehr als zehn Jahren Dienst schiebt, ist seekrank! »Du bist es oder du bist es nicht«, sagt er, »Kannst dich nicht wehren gegen. Ich liebe den Job trotzdem.« Er räumt die Scherben weg und klettert nach oben, das Monchichi-Wesen mit den Wuschelhaaren. Die Matrosen springen die Treppen hinauf und hinunter wie Seidenäffchen – von denen kann ich was lernen. Auf allen vieren kämpfe ich mich zur Steigleiter vor, anders geht es nicht.

Draußen ist die Welt aus den Fugen. Der Wind hat inzwischen Stärke zehn. Es ginge noch mehr, aber weniger wäre gerade auch nicht unangenehm. Wassermassen krachen gegen den Bug und überschwemmen das Vorschiff, auf dem die Eisenkisten verzurrt sind. »Ich mache einen Verdauungsspaziergang draußen am Vorschiff«, sage ich zu Henning, als ich im Treppenhaus an ihm vorbeikrieche. »Nein!«, donnert er. »Spaß«, sage ich kleinlaut.

»Kein Spaß!« Er schlägt mit seiner Pranke gegen das Geländer. »Es spült dich von Bord, so schnell kannste gar nicht schauen! Wir hatten da mal 'ne Passagierin … « Ich tue ihm den Gefallen und bleibe an Bord, ich habe schließlich bezahlt – für die komplette Passage.

Oben angekommen wird mir schlecht. Der Spaghetti-Haufen in mir hebt sich und senkt sich. Wir fahren jetzt schon über zehn Stunden durch schwere See. Um mich abzulenken, versuche ich ein bisschen zu arbeiten. Es gelingt mir nur teilweise. Und irgendwann überlasse ich mich dem Unvermeidlichen. Zuerst ist es Schwindel, dann Übelkeit. Ich habe zweimal einen Sturm auf See erlebt. In einem kleinen Schiff vor den Seychellen und auf einem großen Dampfer unterwegs zu den Färöer-Inseln – beide Male hart an der Grenze. Diesmal aber setzt es noch eins drauf. Gehen oder stehen, jeder Versuch endet gleich: am Boden zwischen Tisch und Kasten. Sitzen ist auch nicht mehr drin. Am besten funktioniert es noch in der Horizontalen, alles andere: Vergiss es. Ich klappe den Laptop zu – mir ist so schlecht, dass ich nichts gegen Sterben hätte. Mir wird siedend heiß. Ich trete die Flucht nach vorne an …

Die nächste halbe Stunde verbringe ich im Badezimmer. Mir ist, als hätte ich drei Flaschen Whisky fertiggemacht. Habe ich zwar noch nie, stelle ich mir aber so vor. Irgendwann ist auch das vorbei. Ich schließe die Augen. Oh mein Gott. Das ist das Ende – aber dass es sich so anfühlt, hätte ich nicht gedacht. Ich kriege den Anblick des bleichsten Spaghetti-Haufens ever nicht aus dem Kopf. Ich hechte ins Bad, anders hätte ich's nicht mehr geschafft. Übung Numero zwo. Ich schleppe mich zurück ins Bett. Badezimmer, die Dritte, die Vierte … Infolge meines Berufslebens habe ich schon so manch hochprozentige Erfahrung hinter mir. Aber das ist nichts gegen das Hier und Jetzt. Die MS *Karina* kämpft den Kampf ihres Lebens. Mir geht's nicht viel anders. Sie ächzt und zittert, schlägt hart nach vorne, die Gischt spritzt turmhoch auf. Ich verhalte mich still, versuche flach zu liegen und ruhig zu atmen.

Ich gehe über eine Blumenwiese, überquere den Bach auf Höhe des »Jungen Muck«, so wird der Bäcker des Dorfes genannt, in dem ich aufwachse. Den schlammigen Weg säumen Butterblumen. Seit Tagen bin ich damit beschäftigt, das Bachbett zu regulieren. Ich gehöre zur »Bach-Brigade«, mein Freund Peter ist der Chef der zweiköpfigen Truppe. Meine Füße suchen Halt. Ich rutsche ab und lande im Wasser. Die Schuhe, die ich erst kürzlich von meiner Freundin Katzi in neuwertigem Zustand vererbt bekam, bleiben beim Rausklettern im Schlamm stecken. Ich versuche, sie von den Füßen zu streifen, verliere aber das Gleichgewicht und lande erneut im Wasser.

Die Kastentür fliegt auf (sie war versperrt) und die Wasserflaschen, von denen ich dachte, sie fest verkeilt zu haben, landen auf dem Boden. In der Kammer bildet sich ein Bach, der alles unter Wasser setzt. Morgen wird er reguliert, war das Letzte, was ich noch zu denken imstande bin. Ich träume von einem neuen Wasserlauf, den ich mit Schlamm befestige. Der Bach schwillt an und wird zu einem reißenden Fluss. Weiter vorne, auf Höhe des Bäckerladens, ist eine Stromschnelle, von da an geht's abwärts. Ich treibe auf sie zu. Meinen Freund verliere ich aus den Augen, stattdessen höre ich die Kirchenglocken. Je mehr ich kämpfe, desto mehr werde ich von den Wassermassen mitgerissen. Und dann bin ich plötzlich schwerelos. Ich schwebe …

Ich muss eingenickt sein. Noch immer wird die MS *Karina* von Welle zu Welle geworfen. Ich rolle aus dem Bett, kämpfe mich zum Fenster vor, verliere den Halt und lande – im Wasser. In meiner Schlafkoje steht es bereits knöcheltief. Während ich mit der Trockenlegung beschäftigt bin, steppe ich noch einige Male im Badezimmer vorbei. Ich denke, ich bin schon beim Menü von vorgestern angekommen …

Und irgendwann stehe ich wieder oben, auf der Brücke. Bilbo hüpft, trotz Schieflage, in Richtung Sandsack. »Geht schlimmerrr!«, ruft er mir zu. »Geht noch viel schlimmerrr!«

»Mir genügt's«, sage ich und denke, ich sollte mich vorsichtshalber doch bald wieder in die Nähe des Badezimmers begeben. »Von der Elbe bis nach Antwerpen, when the weather is bad … catastrophe, I promise you!« Bilbo meint unsere bevorstehende Fahrt. »Dann wir rrrollen!« Seine Hand beschreibt eine Links-rechts-Bewegung. Hieb, Stich, Drehung, Kick. Der Mann ist echt unglaublich. Während draußen die Welt untergeht, hüpft er herum wie Rumpelstilzchen. »Bewegung gesuuund!« Ich fühle mich alles andere als gesund.

In der Messe erwartet mich Balu. Angeblich ist es bereits Morgen. Das Gefühl für Raum und Zeit ist längst weg. Gerade vertilgt er ein paar Spiegeleier, Wurst, Käse und Toast. Ein Honigtöpfchen steht auch da. Der ist echt spacig. »Geht's einigermaßen?«, fragt er mit vollem Mund und sieht mich schuldbewusst an. Offensichtlich hat es sich herumgesprochen, dass ich eine bewegte Nacht hinter mir habe, die Wände haben Ohren. Lenni, der Kombüsen-Punk, hat seine Kapuze heute noch tiefer in die Stirne gezogen als sonst. Er weicht meinem Blick aus und stellt mir ein Rührei hin. »Iss«, meint Balu, »besser so!« Die Konversation unter uns Seekühen beschränkt sich schon bei gutem Wetter aufs Wesentliche, bei schlechtem werden ganze Satzteile ausgelassen. Vielleicht, um Energie zu sparen. »Kann essen, was ich will. Geht alles am Arsch vorbei.« Der Text ist brauchbar. Konrad Bayer, Ossi Wiener, Gerhard Rühm – Wiener Gruppe!

Allmählich lässt der Sturm nach, die See beginnt sich zu beruhigen. Ich arbeite ein wenig, dann mache ich ein Nickerchen. Die Nacht hat mich erschöpft. Später lege ich erneut eine Arbeitsschicht ein, zu Mittag geht's wieder hinunter: Suppe und Milchfladen. Der nächste Alptraum. »I did it myself«, sagt Lenni. Man sieht's ihnen an. Vor mir auf dem Teller liegen zwei bleiche Teigbrüstchen. »Auch ihr Weg ist vorgezeichnet«, denke ich. Bilde ich es mir ein oder weichen Stanko und Radek meinem Blick aus, als ich sie später auf der Steigleiter treffe? Auf Kammer sehe ich in den Spiegel. Ich bin bleich wie Lennis Selbstgebackenes. Um nicht gleich wieder in der Horizontalen zu landen, werfe ich einen Blick auf die Brücke. Wim ist überglücklich, heute bin ich zu keiner ernsthaften Gegenwehr fähig. Er packt die Gelegenheit beim Schopf und müllt mich zu: sein ungeborenes Kind, seine Frau, der umgebaute Caddy, das ganze Heimwerkerprogramm. Während steuerbord jede Menge Bohrtürme in Sicht kommen, erklärt er mir den Bildschirm, die vorprogrammierte Route und was nicht alles. Das meiste davon beherrsche ich schon im Schlaf. Ich revanchiere mich mit Theater und Vietnam. Die letzte Nacht wird nicht erwähnt. Ich frage: »Wann kommen wir an?«

»Zweitausenddreihundert.«

Ich vermeide nachzufragen, heute bin ich ohnehin der Loser. »Ich gehe dann mal«, sage ich.

»Vietnam?«, fragt er und sieht mich zweifelnd an. Bevor ich den Abstieg in Angriff nehme, fällt mein Blick auf einen Zettel: »Arrival Hull 23:00.« Alles klar.

Draußen scheint die Sonne, es ist herrliches Wetter, die See spiegelglatt. Unten, auf dem Poopdeck, genese ich an der frischen Luft. So rasch das Unwetter kam, so plötzlich hat es sich verzogen. Über zwanzig Stunden Sturm verhaken sich in den Knochen. Ich denke, ich bin nun tatsächlich, unzweifelhaft und endgültig, angekommen: als vollwertiges Mitglied der Seebärengemeinschaft.

»Port of Hull. Hafenschleuse. Elf Uhr nachts. Leinen festgemacht« ist das Letzte, was ich am heutigen Tag notiere. Dann versinke ich in einen tiefen, traumlosen Schlaf. Mein Schatz sitzt gerade in einer Premiere im Linzer Musiktheater: *Ghost*. Genau so fühle ich mich. Ich gäbe gerade keine schlechte Besetzung für die Titelrolle ab.

Eine Stadt der Kultur
Hull, 19. März

Kingston upon Hull, oder einfach nur Hull, liegt an der Mündung des Flusses Humber in die Nordsee. Das Nest war früher mal die drittgrößte Hafenstadt des Vereinigten Königreiches. Punkt »fünfhundert« beginnen die Löscharbeiten. Jedes Mal, wenn die riesigen Greifarme der Ladekräne in die Öffnungen der Container einrasten, fährt ein Ruck durch das Schiff. Dann sirren Stahlseile hoch, der Kran dreht sich in Richtung Kai, setzt die Box ab, wo sie einer der Bulldozer hochhebt und anderswo stapelt. An Schlaf ist nicht zu denken. Egal. Ich bin viel zu aufgeregt – eine neue Hafenstadt!

Ich turne hinunter in Richtung Kaffee. Auf Deck ist bereits Hochbetrieb. Stanko und die Matrosen ziehen die Schellen, die überall an Deck angebracht sind, um der Ladung Halt zu geben, aus den Halterungen heraus. Die Offiziere haken auf einer Liste Kiste um Kiste ab, die das Schiff verlässt. Alles läuft wie geschmiert – auch ohne mich. In der Kombüse fotografiere ich das Passwort, das an die Türe zur Mannschaftsmesse gekrakelt ist. Man muss es bei Wiederbetreten des Hafenareals in eine kleine Box neben der Eingangstüre eintippen. Draußen, auf Poopdeck, schicke ich ein SMS ab: Die Verbindung mit der Heimat ist wiederhergestellt. E-Mails pfeifen herein. Gestern herrschte zu Hause eine gewisse Unruhe: Die Position der MS *Karina* war während des Unwetters von

Marine Traffic verschwunden, jetzt hat die globale Schiffs-überwachung unsere Daten wieder am Schirm.

Lenni ist heute Morgen deutlich besser aufgelegt, der Problem-Passagier ist wieder wohlauf. Der Koch erklärt mir, wie man nach Downtown Hull kommt. Es ist nicht leicht, sich im weitläufigen King George Dock zurechtzu-finden: Links bis zum Kreisverkehr, geradeaus, Security-Check, rechts zur Hedon Road, Bus »Seventy-five« – die ganze Erklärung erfolgt noch dazu auf Russenglisch.

Bilbo, der Alte, kreuzt meinen Weg. »How is the weather today?«, frage ich. Er zwinkert mit seinen Kuller-augen und lacht übers ganze Gesicht: »Storm and rain!« Ich glaube ihm kein Wort. Lenni hilft mir noch schnell mit ein paar Pfund aus; obwohl die Engländer (noch) in der EU sind, verweigern sie die gemeinsame Währung. Mühsam. Ich folge der Wegbeschreibung, mehr noch meinem Instinkt und sitze wenig später – wo schon, in einem alten, klapprigen Doppeldecker.

Vororte ähneln einander weltweit: Reihenhäuser, Kin-derkrippen, Münzwäschereien. Außenbezirke halt. In Kingston upon Hull wurde die Vorstadtwelt aus rußigem Backstein erbaut. Einfamilienhäuschen, davor handtuch-kleine Terrassen. Ich beobachte einen Mann mit Hut, der akribisch genau sein sechs Quadratmeter kleines geklin-kertes Gärtchen fegt. Hin, zurück. Windstoß. Hin, zurück. Windstoß. Die Verbissenheit, mit der der alte Mann ar-beitet, erinnert mich an den Brachialhumoristen Rowan Atkinson: Vorgarten-Mania, Marke Hull, Middle Eng-land. Ich könnte dieser sinnentleerten Tätigkeit noch lange zusehen, ich liebe solche Szenen.

Am Bahnhof ist Endstation. In der Ankunftshalle, gleich neben dem überdimensionalen Plakat »Hull – City of Culture«, sind Marmortafeln mit den Namen der Soldaten angebracht, die von hier aus in den ersten großen Krieg zogen und nie mehr zurückkamen. Blumen stehen da, nach hundert Jahren sind sie immer noch nicht verblüht – kein Wunder, sind sie doch aus demselben Material, aus dem auch die Helme der Soldaten geformt waren: Stahl. Gleich daneben eine kleine Bühne in Gitarren-Form, auf der ein Mikro steht: Musikfreaks dürfen sich vor Publikum blamieren. Ich muss das Bilbo stecken, Luftgitarristen werden hier sicher noch gebraucht.

Vor dem Bahnhofshotel lande ich auf einer Baustelle. Kaum eine Straße, die nicht zur Fußgängerzone hochgetunt wird. Neben den Erdhaufen stehen riesige Plakate, die die Kultur des Kaffs beschwören. Das kommt dem Chronisten verdächtig vor. »Kultur« muss man nicht affichieren, man hat sie einfach.

Die Baugruben ziehen sich durch die ganze Stadt, ich mache Belegfotos. Geschäfte, Fabriken und Lokale – alles »For Sale«. Heute ist Sonntag, okay, aber hier scheint so ziemlich alles, was mal war, unter den Hammer zu kommen. Der Rest wird umgeackert. Wie viele Arbeitsplätze gehen da gerade für immer verloren? Auf einem heruntergekommenen, ehemals rosafarbigen Gebäude prangt ein Schild: »School for Business & Enterprises«. Die Schule hat schon rosigere Zeiten gesehen.

Auf dem schönsten Platz Hulls, direkt vor dem Maritime Museum, wo die Paragon Street auf die King Edward Street trifft, ragt eine riesige Nadel quer über die Fußgängerzone, als wollte sie sie aufspießen. Die Stahlskulptur gleicht einem Fingerzeig aus einer anderen Welt. Sie verläuft unmittelbar vor der Statue von »Her Royal Highness, Princess Alexandrina Victoria of Kent, Empress of India«, besser bekannt als Queen Victoria. Über drei Generationen war die ehrwürdige Dame in Amt und Würden, aufgrund ihrer zahlreichen Nachkommen erhielt sie den Beinamen »Grandma of Europe«. Auf die schrullige Alte war Verlass: »Viktorianisch« gilt noch heute als Trademark für die gute, alte Zeit. Und ausgerechnet vor Omis Nase pfeift ein High-Tech-Monster vorbei. Ich erkundige mich bei cincr Polizistin, was es darstellen soll. »No work of art«, sagt sie. »Es ist der Flügel eines Windrades, gespendet vom größten Anbieter alternativer Energie hierzulande. Und …«, fügt sie verächtlich hinzu, »Die Typen haben Hull viele Arbeitsplätze zugesichert, deswegen dürfen sie die Scheiße hier aufstellen.« Wer anschafft, schafft an. Die Kulturstadt hat ihr städtebauliches Filetstück ans Kapital verramscht. Verstehe. Brechts Jahrhundertstück *Die Dreigroschenoper* kommt mir in den Sinn. De Nardo war Mackie Messer, die junge Kathi Straßer Polly. Eine radikale Aufführung, die lange am Spielplan meines Theaters stand. »Erst kommt das Fressen, dann die Moral.« Alternative Energie ist nicht verwerflich. Im Gegenteil. Aber Business vor Kultur stößt mir auf. »Heute …«, fügt die Politesse noch hinzu, »Heute kommt das Zeug weg.«

Ich sage: »Heute?«

»Genug ist genug. Wir wissen es ja nun.«

Mein Weg führt mich zum Hull New Theatre am Kingston Square, wer kann schon aus seiner Haut heraus. Das

Theater wird in der Stadt groß beworben, Plakate hängen alle naselang herum. Allerdings – es ist geschlossen. Mehr noch: Der Gebäudekomplex aus den horriblen Achtzigern existiert schon einige Zeit nicht mehr. Ich möchte nicht wissen, wie viel Geld in der riesigen Baugrube bereits versenkt wurde. Später werden sie hier Musicals spielen. Den Ankündigungen entnehme ich: *Cats* und andere Novitäten. Viele Theatertruppen könnten um einen Bruchteil des Geldes sinnvoller arbeiten. Kulturpolitiker funktionieren auch hier nach den immer gleichen Spielregeln: Die nächste Wahl muss gewonnen werden. Hull – City of Culture …

Bei den Docks, dort wo sich der Humber mit dem River Hull vereint, steht eine der Hauptattraktionen der Stadt: The Deep, ein Aquarium, das alle Stückeln spielt. Das Zeug sieht aus wie eine zu groß geratene Pampers des Architekten Norman Foster. Etwas flussaufwärts überspannt ein wirklich sehenswertes Bauwerk den Strom. Die Humber Bridge war zum Zeitpunkt ihrer Eröffnung 1981 mit knapp eineinhalb Kilometern die längste Hängebrücke der Welt. Ich spaziere am Fruit Market vorbei, einem spannenden Kreativzentrum mit etlichen Galerien und Studios. Leider ist es heute geschlossen, stattdessen wird Ramsch und Rosen angeboten.

Es hat zu regnen begonnen. Unter den Vordächern der Straßenbuden drängen sich frierende Menschen und vertilgen Unmengen von Gurkenbrötchen. Ein bisschen England muss schon sein. Gleich daneben, in der Humber Street, liegt das Museum of Club Culture, *das* Zentrum für alternative Kunst. Aber auch das ist geschlossen. Umbau, angeblich. Ein Blick durch die abgeklebten Fensterscheiben belehrt eines Besseren: Die Halle wirkt, als ob sie schon lange aufgelassen wurde. Sehr viel hat man hier doch nicht übrig für Zeitgenössisches. Hull – City of Culture …

Ich gehe dorthin, wo man mich hinhaben will, zum Museums Quarter. Als Wiener kommt mir das bekannt vor. Das Hull and East Riding Museum kümmert sich um Prähistorie. Ich verlasse das Haus, als man mir im ersten Raum ein Mammut präsentiert, dessen Fell aus Schurwolle gestrickt zu sein scheint. Das Vieh gleicht einem überdimensionierten Skipullover mit Hörnern, Marke Erwin Wurm. Im Streetlife Museum sieht man eine Straßenbahn, einen Linienbus und einige Fahrräder. Höhepunkt: eine Kutschenfahrt. Ich zwänge mich in das enge Gefährt und höre Hufschläge vom Band, während ich in den Schlaf geschaukelt werde. Ich fasse es nicht. Weiter.

Im Wilberforce House nebenan wird immerhin das Leben des englischen Politikers William Wilberforce nacherzählt: Der Mann hat sich zu Beginn des neunzehnten Jahrhunderts im englischen Unterhaus um die Abschaffung des Sklavenhandels verdient gemacht.

Nach so viel Elend bin ich reif für Fish & Chips. Die Tragödie nimmt kein Ende: Die Scholle schmeckt nach Versandhaus, die Panade nach Karton und die Kartoffeln sind unter einer üppigen Mayo-Pampe versteckt. Dazu gibt es wahlweise Löskaffee (ich wusste gar nicht, dass so was überhaupt noch am Markt ist) oder Trink-Chemie mit Fruchtgeschmack. Längstens jetzt brauche ich ein gepflegtes Pub. Im *Hull Cheese* erhole ich mich von den kulturellen Brachialattacken, vernichte einige Beck's und versöhne mich kurzfristig mit der Welt.

In der Ferens Art Gallery, findet eine große Francis-Bacon-Personale statt. Wie ich einem handgeschriebenen Zettel an der Eingangstüre entnehme, ist die Galerie täglich geöffnet, aber sonntags nicht.

Jetzt will ich's wissen. Das gegenüberliegende Maritime Museum muss mich für all die geschlossenen Türen entschädigen. Für einen Seebären wie mich ein leichtes Spiel: Frachtschiffe, Walfänger, Nordpol-Expeditionen. Ich bin im Paradies, hier könnte ich Tage verbringen. Nur nicht heute. »Das Museum schließt in einer halben Stunde«, erklärt mir ein missmutiger Aufseher, seine Aktentasche hält er wie zur Drohung bereits in der Hand. Der Abtransport des Windflügels vor dem Gebäude verlangt eine frühzeitige Sperrung des Platzes, also auch des Hauses. Ich haste durch die Schauräume, dann werde ich evakuiert.

Draußen beobachten bereits Hunderte Menschen die Vorbereitungen für den Abriss des Arbeitnehmer-Denkmals. Kinder hocken auf den Schultern ihrer Väter, Omis finden sich in der Welt nicht mehr zurecht, verliebte Jugendliche nutzen die Gunst der Stunde und verhaken ihre Zahnspangen ineinander. Das Lokalfernsehen ist auch dabei, wahrscheinlich für den lokalen »Kulturkanal«. Gerunzelte Stirnen, offene Münder – ganz Hull ist aus dem Häuschen. In einem polnischen Supermarkt kaufe ich noch rasch ein paar gut gemeinte Lebensmittel, dann habe ich für heute genug von Kultur. »Seventy-five« bringt mich zurück zum Hafen. Unterwegs sehe ich steuerbord eine Aufschrift über einem (aufgelassenen) Geschäft: *The Baby Depot*. Nicht mal an den eigenen Nachwuchs glaubt die Kulturhauptstadt.

Irgendwie sind sie schon eigen, die Briten
York, 20. März

In Gilberdyke steigt sie ein und setzt sich mir gegenüber. Warum nicht. Sie telefoniert. Ich fahre mit dem Zug nach York, eine der attraktivsten Städte Englands, *der* Besuchermagnet des Nordens. Es ist regnerisch, Felder wechseln sich mit kleinen Ortschaften ab. Wir fahren durch Yorkshire, die größte Grafschaft nördlich des Humber. In Howden telefoniert sie immer noch, ebenso in Selby und in Sherburn-in-Elmet: Martha ist in Fahrt. Der Monolog dauert jetzt schon über eine Dreiviertelstunde und noch ist kein Ende abzusehen. Da ich in York aussteige, bleibt mir zumindest eine vage Hoffnung.

Draußen beginnt es wieder zu regnen. »Same, but different«, sagen die Engländer, wenn sie auf das Wetter angesprochen werden. Ivan, der Käpt'n, formuliert es anders, als ich ihn vor meinem Ausflug nach dem Wetter frage: »Weather, catastrophe!« Die stereotype Frage ist längst unser Running Gag. »It's raining cats and dogs«, er kichert und seine Knopfaugen fallen ihm dabei fast aus dem Gesicht heraus. Um Missverständnissen vorzubeugen: Hier regnet es keineswegs Katzen und Hunde vom Himmel – obwohl, so ganz sicher bin ich mir da auch nicht. »They are crazy, the English, aren't they?« Bilbo bringt es auf den Punkt.

Wir fahren in den Bahnhof von York ein, dessen Dachkonstruktion mich an ein Walgerippe erinnert. Jonas wird sich bei seiner Ankunft so ähnlich gefühlt haben. Martha muss sich jetzt gegen das Stimmengewirr am Bahnsteig durchsetzen, dementsprechend laut bellt sie in ihr Handy. Ich fliehe und finde mich außerhalb des Bahnhofes am Fuße einer Stadtmauer wieder, auf der ein schmaler Fußweg rund um die Altstadt führt. Angeblich ist es bis heute nicht nur gestattet, sondern sogar erwünscht, einen Schotten, den man nach Sonnenuntergang innerhalb der Stadttore antrifft, mit Pfeil und Bogen zu erlegen. Sicherheitshalber habe ich die Rückfahrt für kurz nach fünf gebucht.

Irgendwie sind sie schon eigen, die Briten. Es beginnt mit der selbstvergessenen Lautstärke beim Telefonieren zwischen Hull und York und endet beim Bogenschießen. Noch etwas fällt mir auf: Das In-der-Schlange-Stehen. Wann immer sich ihnen die Gelegenheit bietet, stehen die Engländer mit Begeisterung in Gänsereihe und mit einer Armlänge Abstand zum Vordermann in der Gegend herum. Dem *Queuing* begegnet man überall: an Haltestellen, in Banken, vor Ticketschaltern. Dazu eine persönliche Anmerkung: Immer schon beschäftigt mich das Phänomen des Murphy'schen Gesetzes: »Anything that can go wrong will go wrong.« Übertragen auf Warteschlangen heißt das, dass man mit an Sicherheit grenzender Wahrscheinlichkeit in der falschen Reihe steht. Meine Trefferquote diesbezüglich ist verblüffend hoch. Den Engländer scheint das nicht zu stören, im Gegenteil: Je länger sie stehen, desto lieber. »To keep a stiff upper lip«, sagen sie. »Halt die Ohren steif, lass dir nichts anmerken und verliere bloß nicht deine gute Stimmung.« Irgendwie sind sie wirklich eigen, die Briten.

Ich überquere das Flüsschen Ouse, als eine nicht unbekannte Stimme an mein Ohr dringt: Martha. Instinktiv beschleunige ich. Tatsächlich: Das Telefonmonster von Gilberdyke biegt um die Ecke, kreuzt die Museum Street und steuert St. Leonards Place an. Nach wie vor schreit sie in ihr Handy, ihr Telefonpartner muss bereits taub sein. Ich tauche in den nächsten Hauseingang ab und warte, bis die Luft rein ist. Auf der anderen Straßenseite bringen junge Leute an einem Gitter ein Transparent an: »Welcome in Yorkshire«. Na bitte, geht ja!

Eine schmale Steintreppe führt hinauf zur Stadtmauer. »Hunde haben hier oben nichts verloren« lese ich auf einem Warnschild, vermutlich, weil man auf dem schmalen Steg zwischen den Zinnen nur schwer deren Unpässlichkeiten ausweichen kann. Das prächtige Münster von York kommt in Sicht. Ich stapfe geradewegs meinem Unheil entgegen – und lande im Knast. Genauer gesagt im Verlies Richards III. Es ist in einem der vier turmartigen Stadttore untergebracht. William Shakespeare, Theatergott aus Stratford-upon-Avon, hat eine sehr eigene Version von ihm, dem angeblich Missgebildeten, verfasst. Wehren konnte sich der arme Richard nicht mehr, zum Zeitpunkt der Uraufführung war er längst tot.

Ich besteige den Turm und gelange in seine Zelle. Der Durchgang ist niedrig. Ich muss die Knie beugen, bei einem Monarchen nichts Außergewöhnliches, dabei gleitet meine Lesebrille zu Boden und eines der Gläser zerbricht. Durch das andere habe ich freie Sicht auf einen Mauervorsprung, in dem die Leibschüssel des Gefangenen eingelassen ist. Hier, im Angesicht des allzeit Menschlichen, fühle ich, der Einäugige, mich seiner königlichen Hoheit, dem Buckligen, nahe. Der Fluch des dritten Richards, Herzogs von Gloucester, ereilt mich hier und jetzt. Seiner späten Rache hätte es allerdings nicht bedurft, ich habe seinen Namen nie beschmutzt. Nur anlässlich der Aufnahmeprüfung ins ehrwürdige Max Reinhardt Seminar verging ich mich an ihm:

Nun ward der Winter unsers Missvergnügens
Glorreicher Sommer durch die Sonne Yorks!
Die Wolken all, die unser Haus bedräut,
Sind in des Weltmeers tiefem Schoß begraben …

Es blieb beim Versuch und ich hatte keine andere Wahl, als die Flucht in die Diaspora anzutreten: ans Mozarteum in Salzburg.

Außerhalb des Aborts stoße ich auf Richards Skelett. Auch das noch. Soviel ich weiß, hat man das Original 2012 bei Bauarbeiten in Leicester gefunden und es in einem schlichten Holzsarg in der dortigen Kathedrale beigesetzt. Stehe ich vor seiner Zweitbesetzung?

In der größten Kirche des Königreiches, dem gotischen Münster von York, suche ich um Vergebung für die Blasphemie, mich an Richards Versen vergangen zu haben. Hunderte prächtige Glasfenster dominieren den Innenraum, zusammengesetzt aus Millionen von bunten Splittern. Eines der Fenster mit den Ausmaßen eines Tennisplatzes zeigt Szenen aus dem Alten Testament. Die Instandhaltung dessen muss Unsummen verschlingen. Dafür wird man zur Kasse gebeten. Widerwillig reihe ich mich in eine der Warteschlangen ein – ich hätte schwören können, in die falsche. »Are you senior, Sir?«

»Why?«

»Because you are looking younger than me.« Ein zahnloser Greis grinst mich an und reicht mir das Ticket. »It's valid for twelve months. Could be enough for you.« Die Engländer sind bis an die Zähne bewaffnet mit Humor.

Ich gehe in einen Buchladen, weil ich – was schon – ein Buch suche, dabei krame ich das Bruchstück meiner Brille hervor, den Rest, den mir der Monarch übrig gelassen hat. »If you need some reading help, you'll find it on the first floor, Sir!« Buch habe ich keines gefunden, aber eine neue Lesebrille. Manchmal ist das Leben naheliegend, besonders ab einem gewissen Alter.

Ich spaziere durch die Shambles, eine Gasse mit kleinen Fachwerkhäusern, deren Dächer sich eng aneinanderkuscheln. An den Fassaden sind Haken angebracht, früher waren hier Schlächtereien untergebracht. Verkauft wurde die Ware vor den Türen, bezahlt hat man nach Länge des Fleischstückes. In der Petergate stoße ich auf die nächste Merkwürdigkeit, die Geburtsstätte des liederlichen Guy Fawkes. Heute ist in dem Haus ein nach ihm benanntes Hotel untergebracht. Ich lese, was es mit dem Namensgeber auf sich hat: Am 5. November 1605 wollte er seinen Plan verwirklichen, König Jakob I. gemeinsam mit dem House of Parliament in die Luft zu jagen. Der schlimme Finger fuhr nach London, schleppte Kiste um Kiste gefüllt mit Schwarzpulver in den Keller des Unterhauses und wartete auf den geeigneten Moment. Irgendwie roch man Lunte und vereitelte den Anschlag in letzter Sekunde. Guy wurde hingerichtet, hinterließ aber ein Vermächtnis: Bis heute werden die Kellerräume des Palace of

Westminster vor der Eröffnung jeder Sitzungsperiode symbolisch nach Schwarzpulver abgesucht. Nicht nur das. Einer der Abgeordneten wird so lange als Geisel im Buckingham Palace festgehalten, bis die Queen, die traditionellerweise die Zeremonie eröffnet, wieder zu Hause ist. Irgendwie sind sie schon sehr eigen, die Briten.

Mitten in York gibt es einen mit Narzissen bewachsenen Hügel, auf dem ein mittelalterlicher Steinturm steht. Es würde mich nicht wundern wenn der flachgesichtige Richard Harris, im Kettenhemd und hoch zu Ross, erscheint, während hinter seinem Rücken Guinevere Vanessa Redgrave ihrem Lancelot (Franco Nero) eine flüchtige Kusshand zuschickt: Das Filmset für *Camelot*, den oscargekrönten Streifen von Joshua Logan, wäre nirgendwo passender als hier. Der Turm gehörte einst zum York Castle, er ist dessen einzig noch verbliebenes Relikt. Ich steige ganz nach oben und schieße ein paar Selfies, die später in die Heimat geschickt werden, dann nehme ich schnell noch das hübsche Castle Museum mit, bevor ich mich auf den Rückweg zum Bahnhof mache.

Bei einem Restaurant, das als erstklassig empfohlen wird, mache ich halt. Während ich die Speisekarte studiere, traue ich meinen Augen nicht: An einem der wenigen Tische hockt Martha – gerade tippt sie eine Nummer in ihr Handy. Vor ihr steht ein Teller mit Roastbeef, Erbsen, Karotten sowie dem unvermeidlichen Kartoffelstampf. Das Gericht gibt es in zwei Versionen: Einmal liegt das Fleisch links, einmal rechts. Martha nimmt einen Bissen, dabei fällt ihr Blick auf mich. Sie scheint mich zu erkennen und zwinkert mir zu. In diesem Moment meldet sich ihr Gesprächspartner. Ein Blick auf die Uhr, es kurz vor fünf. Jetzt oder nie! Bevor noch der Kellner auf mich aufmerksam wird, springe ich auf und verlasse das Lokal. George Orwell hat es auf den Punkt gebracht: »Man sagt gemeinhin, dass die englische Küche die schlechteste der Welt ist.«

Nur beim Tee versteht man hierzulande keinen Spaß, er hat beinahe religiösen Status. Jahrhundertelang aber schieden sich die Geister bei der Frage, ob zuerst der Tee in die Tasse kommt oder die Milch: nicht der einzige Religionskrieg in der Geschichte des Landes. 2004 setzte die Royal Society of Chemistry der Auseinandersetzung ein Ende. Eine wissenschaftliche Studie wurde bemüht, um die Rangfolge festzulegen … Milch vor Tee. Begründung: In dieser Konstellation werden die Eiweißverbindungen nicht gestört. Im Grunde genommen sind sie nicht nur ein bisschen eigen, sie sind ganz schön crazy, die Briten.

Der Schrei des Francis Bacon
Hull, 21. März

Heute gibt es ordentlich Wind. Obwohl die MS *Karina* fest verankert am Terminal des Überseedocks liegt, spürt man, wie der stählerne Koloss immer wieder gegen die Kaimauer gedrückt wird. Am Vordeck sind die Lade-arbeiten in vollem Gange. Ich storniere den für heute geplanten Ausflug nach Scarborough, wie es aussieht, werden wir am späten Nachmittag auslaufen. Lenni meint, es wäre besser in der Nähe zu bleiben, das Schiff würde auch ohne mich ablegen. Die Platte kenne ich, ich begnüge mich mit dem, was bleibt: Hull, City of Culture. Vorher mache ich mich aber noch an eine weitere Arbeit, die ich mir auf diese Reise mitgenommen habe. Ich habe einem Freund versprochen, Dialoge für ein Theaterstück zu schreiben, das er zwar konzipiert hat, für das es aber noch keine Zeile Text gibt. Die Charaktere sind entworfen, ich muss sie nur mehr zum Leben erwecken, ihnen zuhören und Wort für Wort mitschreiben. Womit ich nicht gerech-net habe: Die beiden Figuren legen ein Sprechtempo an den Tag, bei dem ich Mühe habe, mitzukommen. Nach-dem der Einstieg geschafft ist, packe ich mein Schreibzeug in den Rucksack und verlasse das Schiff.

Die Gangway ist steil, sie zirkelt genau zwischen Schiffs-wand und einem Güterzug, der heute längs der Kaimauer steht. Ich verlasse den Frachthafen und nehme den »Seventy-five« bis zur Endstelle »Hull Interchange«.

Der seltsame Windflügel vor dem Maritime Museum, wohlbeachtetes Zeugnis für eine *active employment rate*, ist verschwunden. Er wird wohl dort gelandet sein, wo er hingehört, im Wind. Hull hat aber noch viel mehr zu bieten, man muss es nur entdecken wollen, und dazu bin ich heute fest entschlossen. Zwei Gassen weiter sehe ich es – das schmalste Fenster des Königreichs. An der Fassade des King George Hotels ist eine Messingtafel angebracht: Hinter der Luke, nicht breiter als eine Mauerritze, saß einst der Porter, der, sobald er der Kutsche des Königs ansichtig wurde, dessen bevorstehende Ankunft meldete. Spannend. Den Titel Kulturhauptstadt trägt Hull wirklich zu Recht.

Hinter der Trinity Church verbirgt sich der Trinity Market, den man von der Hepworth Arcade aus durch ein schmales Glasportal betritt. Die Shopping Area ist eine Personalunion zwischen Seniorenheim und Kaufmannsladen. Aus Sperrholz gezimmerte Kojen, jede fein säuberlich beschriftet: »Frisches Essen«, »Qualitätsvolles Fleisch«, »Kaffee-Imitat« (was immer damit gemeint ist). Auch das Reisebüro *Wege zur Welt* hat hier seine Niederlassung. Über der Koje Nummer 32 steht *Retro Hub*, ein Antiquitäten-Shop, daneben befindet sich der *DVD-Man* und das *Pizza 'n Pasta Paradise*. Die Läden sind sichtlich schon seit Langem verlassen. Bei *Key's Snack* ist volle Kanne was los. Ich leiste mir »a cup of tea«, nehme auf einem Plastikstühlchen Platz, schlürfe das gallbittere Getränk und beobachte die Geriatrie-Parade. Neben mir, in einem Rollstuhl, hockt das, was vom Leben übrig ist: ein Greis in der Größe eines Kindes. Er keckert wie eine Möwe. Abgestellt wurde er von zwei streng blickenden Damen, die sich auf Shopping-Tour machten. Die Klientel des Trinity Markets erweist sich seiner Tristesse als ebenbürtig.

Draußen, in der Arkade, weht frischer Wind durchs alte Gemäuer. Bei *Larry's* ist jede Menge Country-Zeug in die Auslage gepackt, so dicht, als ob sich Cowboyboots und Fransenjacken die Nasen platt drückten. Nebenan, bei *Clipper Travel* sortiert eine verführerisch ausladende Büste in rotem Pullunder Postkarten aus Übersee. Im Shop gegenüber ist das Lachen zu Hause. »Dinsdales – We sell happiness« steht über dem Portal. Hier wird verramscht, was komisch ist: abgeschnittene Hände, Zähne, Ohren, Nasen, Augenbrauen. Sogar ein kleines Skelett steht da. Der Laden erinnert mich an Horváths »Puppenklinik« aus dem Stück *Geschichten aus dem Wiener Wald*. Ich durfte einmal die Rolle des Zauberkönigs spielen. Das Lokalkolorit des 8. Wiener Gemeindebezirkes war in unserer Aufführung nicht zu sehen, die Spielfläche stellte eine stilisierte, hölzerne Donauwelle dar. In einer zentralen Szene entdeckt der Zauberkönig seine Tochter als Nachtklubtänzerin im *Maxim*, in der Folge erleidet er einen Herzinfarkt. Die junge Schauspielerin Katharina Vötter (Marianne) musste sich nackig machen und wurde hinter der Bühne für den Auftritt komplett mit Schokolade überzogen. Sie sah aus wie ein Lindt-Hase, und sie schmeckte auch so. Als Vater hatte ich sie blind vor Gier abzulecken, erst dann durfte ich sie als meine Tochter erkennen und zum Infarkt übergehen. Ich bin keineswegs gegen risikoreiche künstlerische Behauptungen, im Gegenteil. Aber manchmal hilft es den Schauspielern schon, sich an den Originalbildern des Autors zu orientieren, um ihre Phantasie ausschließlich für die Rollengestaltung zu verwenden.

Ich verlasse Fiktion und Realität und verfange mich in der Tristesse eines Pubs, das mir Ivan, der Käpt'n, ans Herz gelegt hat. Im *The Lion and Key* in der High Street gibt es die besten Fish & Chips in Town, fine Ale sowieso. Am Tresen koste ich mich durch das Angebot und lande bei einem Blonden mit Veilchengeschmack. Die Deko des Lokals besteht aus unzähligen Bierdeckeln. Sie kleben überall, am Plafond, an den Wänden, auf den Tischen. Und noch eine Spezialität, für die das Lokal berühmt ist: Die unvermeidlichen Erbsen kriegt man, wie Gott sie schuf, klein, grün und ungesalzen oder – als ungenießbare Pampe. Ein Jamie Oliver macht noch kein Land voller Hauben.

Am Nachhauseweg möchte ich endlich den tollen Francis Bacon sehen. Eigentlich hatte ich mir von der Ferens Art Gallery eine große Retrospektive erwartet. Leider handelt es sich um nicht mehr als fünf Bilder des wahnwitzigen Malers. Seine *Männerporträts* sind dem Gemälde *Papst Innozenz X.* von Diego Velazquez nachempfunden. Schreie der Angst und Verzweiflung. Was hat Bacon gesehen, um so etwas malen zu können? Wie viel Erniedrigung und Zerstörung musste er über sich ergehen lassen? Bacon hat seine Bilder zerschnitten, zerstückelt, zerstört. Was mag er in Innozenz entdeckt haben? Seine zerschundene Seele erinnert mich an Edvard Munchs *Der Schrei*. Angeblich wurde Bacon von der beklemmenden Treppen-Szene in Sergej Eisensteins Film

Panzerkreuzer Potemkin beeinflusst, in dem eine Krankenschwester mit blutverschmiertem Gesicht Verzweiflungsschreie ausstößt. Die menschliche Kreatur wird auf nacktes Fleisch reduziert und steht für das Leiden schlechthin. Schönheit und Schmerz gehen bei Bacon eine inzestuöse Beziehung ein. Seine Schreie verstören zutiefst. Zum wievielten Male schon hat mich die Radikalität eines Künstlers an meinen eigenen so schwer zu erfüllenden künstlerischen Anspruch herangeführt und mir dennoch die Möglichkeit eröffnet, mit meinem Ungenügen zu (über)leben.

Ich verlasse Hull – City of Culture nachdenklich und nehme den Bus zurück zur Pier. Ich bin spät dran. Oh mein Gott! Francis Bacon hat mich die Zeit vergessen lassen, gleichzeitig aber hat er mich mit der Stadt versöhnt. Ich haste an den Terminal-Schranken vorbei, rechts, links, Security-Check, Kreisverkehr, die lange Straße zum King George Dock, Eisengitter, Code, vorbei an den Kränen, vorbei am (unterdessen) voll beladenen Güterzug: Dame MS *Karina* liegt da, in voller Pracht, bestapelt mit hunderten bunten Containern. Der frisch gewartete Motor brummt auf Hochtouren. Ich haste die Gangway hinauf. An der Eisentüre, die vom Poopdeck zur Messe führt, steht: »Abfahrt achtzehnhundert. Es ist genau siebzehnhundertdreißig. Mitko und Radek stehen unten am Kai und machen die Leinen von den großen Pollern los. Stanko ist auf seinem Posten bei den Seilwinden. Viel später hätte ich nicht kommen dürfen.

Sanft gleiten wir in die Schleusenanlage hinein, die Pforte zum Hafenbecken. Hinter uns schließt sich das

Doppeltor. Genau eineinhalb Meter wird der Wasserspiegel abgesenkt. Stanko steht auf Achtern. »Harter Job!«, sagt er und lacht über sein ganzes Mausgesicht.

»Bald gibt es Ferien!«, sage ich.

»Ja, bald.« Er nickt. »Welcome aboard, by the way!«

Der Schleusenwärter hebt die Hand. Stanko setzt die Winde in Gang und holt die Leinen ein. »There was a passenger …« Beinahe wäre ich heute selbst dem Schicksal aus der gerne erzählten Schiffsanekdote zum Opfer gefallen. Der Hafenarbeiter streckt den Daumen nach oben. Ich antworte mit derselben Geste. Die MS *Karina* schrammt an der Kaimauer entlang. Es ist zwei Minuten vor sechs, wir haben wieder Wasser unterm Kiel.

Oben, auf der Brücke, hat der Käpt'n Ozzy Osbourne aufgelegt: Harte Riffs brechen sich an den Schleusenwänden. Bilbos Kopf taucht über der Steuerbord-Nock auf. »What a wonderful weather today!«, rufe ich ihm zu. »We'll see when we are outside!«, schreit er zurück, immerhin muss er den alten Knochen Osbourne übertönen. Wir passieren das Haus des Hafenbüros und verlassen das Hafenbecken. Ich blicke auf die Uhr: achtzehnhundert.

Das Wunder des Lebens
Nordsee – Kiel, 22. März

Die ganze Nacht über sind wir gerollt. So nennt man die Bewegung des Schiffes, bei der man wie in einer Wiege hin und her geschaukelt wird. Es fühlt sich nur bei Weitem nicht so gemütlich an. Dennoch, es ist allemal die angenehmere Variante als das Stampfen der Herfahrt. Ein strahlender Tag kündigt sich an. Möwen begleiten uns während der gesamten Überfahrt in Richtung Cuxhaven. Auf der Strecke passieren wir wieder jede Menge Bohrinseln. Balu der Bär ist heute auf Wache. »Ich hab einen Freund, der arbeitet auf so 'nem Ding. Da sind bis zu hundertfünfzig Mann drauf. Darunter auch Frauen.« Mein Freund, der Seemann, erfreut sich noch alttestamentarischer Unbefangenheit. Der Satz wäre ein Fressen für WortklauberInnen. Für ihn, so hat es den Anschein, ist die Frau Teil des Mannes, medizinisch gesehen noch vor der Rippentrennung. Ein Haarriss struktureller Begrifflichkeit tut sich zwischen uns auf. »Es war der Lerch und nicht die Nachtigalle …«, sage ich. Balu zieht die Augenbrauen hoch und sieht mich an, dann nickt er. Versteht er mich? Dadaistisches Wortgeklingel, da gibt's nichts zu verstehen. Ich versuche es noch mal: »Die Menschinnen auf den Plattformen nisten wie die Vögelinnen.« Er wendet sich ab. Woran denkt er? Verliert er sich in Stereotypen gegenderter Mann/Frau-Spezifika? Durchforstet er Shakespeares Zitatenschatz? »Gibt 'ne ganze Menge davon hier draußen …«, brummt er schließlich und weicht meinem Blick aus. Seefahrer haben die Eigenschaft, sich von einem Moment auf den anderen zu verlieren – in sich selbst. Vielleicht brauchen sie diese Art von Konzentration, um ihren Instinkt zu aktivieren, um im Notfall richtig zu handeln. Das Gespräch steht still. Schiff voraus fixiert er einen Punkt. Ich sage: »Schwimmt da einer?«

»Nö …«, sagt er, »zwei!« So ist's recht. Balu lebt wieder. Sein Bauch macht sich selbstständig und hüpft auf und ab. Er lacht. Wir haben die Klippe geschafft. »Sieh mal!« Er hält mir sein Handy entgegen. Ein Schnappschuss vom heutigen Sonnenaufgang: Auf der tiefblauen See liegt ein roter Ball. »Das Foto will ich haben«, sage ich. Es stockt erneut. Je länger wir schweigen, desto mehr nimmt es mich für ihn ein. Der Mann rutscht seit zehn Jahren zwischen England, Schweden Belgien und Holland hin und her, davor war er bei der deutschen Marine, ein Sonnenaufgang auf See aber ist für ihn immer noch etwas Besonderes. Ein Wunder, das sich Tag für Tag wiederholt. Ich sage: »An den Schmerz kann man sich nicht gewöhnen.« Jetzt bin ich gespannt. »An das Schöne auch nicht«, sagt er. Er hat begriffen. Das Geheimnis des Lebens! Für Balu, den Zweiten Offizier, ist es immer noch ein Wunder, das er festhalten muss. Das finde ich schön.

Lange sitzen wir da, einfach so, und blicken über das stahlblaue Meer. Wie aufregend das alles ist. Ich darf es erleben. »Drei Monate noch, dann habe ich Ferien«, sagt er irgendwann.

»Und dann?«

»Dann bin ich zu Hause.« So einfach ist das. »Ich kann es kaum erwarten«, sagt er. Er hat bereits einen Tagesfresser angelegt. Seine Frau stammt aus einer Seemannsfamilie, sie hat Verständnis für ihn. Heute Nacht wird sie wieder an der Schleuse stehen, mit einem Packen frischer Wäsche in der Hand. »Und der Garten …«, sagt er und seine Augen werden feucht, »Die Krokusse schauen schon heraus. Die möchte ich so gerne sehen.« Ich fürchte, in diesem Jahr wird's nichts damit, er ist zu spät dran. Er wird sich mit den Fotos begnügen müssen, die ihm seine Frau vom Blumenbeet schickt.

Ich verlasse die Brücke und gehe nach unten, was ich jetzt brauche, ist Kaffee. Ein neuer Ingenieur ist seit Hull mit an Bord. Er ist ins Gespräch mit dem bärbeißigen Kollegen vertieft. Auch er erzählt von zu Hause. Die beiden unterhalten sich in einem seltsamen Croatia-English. Soweit ich verstehe, ist er damit beschäftigt, seiner Frau beizubringen, wie es ist, sich um den Haushalt zu kümmern. »Sie kapiert das nicht. Ich habe sie erst seit Kurzem. Man weiß nicht, was in so einem Kopf vorgeht.« Der nächste Patient. Ich verlasse das Männergespräch, man muss nicht in jeden Kopf hineinschauen.

Auf Deck ist wieder mal Putztag angesagt. Ich setze mich wieder an meine Arbeit. Die beiden Figuren gehen gut miteinander um, ich höre ihnen aufmerksam zu. Manchmal ermahne ich sie, langsamer zu sprechen. Ich merke, dass ich Tag für Tag schrulliger werde. Jeden Tag sitze ich vor einem weißen Blatt Papier, das ich allmählich mit diesen winzigen Schriftzeichen vollkrakle. Es geschehen lassen, so habe ich es mir vorgenommen. Dialoge zu entwerfen, ist für mich Neuland. Seit Monaten bereits schreibe ich. Unaufhörlich kritzle ich Seite um Seite voll. Längst bin ich süchtig danach. Ich kann kaum noch den Stift beiseitelegen – es schreibt und schreibt und schreibt. Wie schön das ist, sich einzig seiner Phantasie überlassen zu dürfen. Ein Stück zu schreiben, ist aber noch mal eine andere Nummer: Menschen beobachten und an ihrem Leben teilhaben. Oder umgekehrt? Ich sitze auf einem Schiff. Vor meinem Fenster: die Zeit.

Auf Deck genieße ich die Frühjahrssonne und sehe den Seemöwen zu, wie sie in scheinbar endlosen Schleifen den Himmel erobern. Ein Schiff fährt eine Zeit lang backbord neben uns her, ein Matrose winkt. Ich versuche, all die Schönheit rund um mich in Momentaufnahmen zu speichern, tief in mir drinnen, sodass ich sie immer und immer wieder abrufen kann. Die unendliche Weite des Meeres bringt mich zum Weinen. Ich denke an meinen Vater, dem ich nie, nie mehr wieder begegnen werde, außer in meinen Träumen.

Oben, auf Wache, sitzt immer noch Balu. Er philosophiert über die »harmonische Bewegung« der letzten Nacht und meint damit das Rollen des Schiffes. Es hört sich an, als ob er eine erotische Beziehung beschreibt, seine Liebe zur See eben. Dann geht uns erneut der Gesprächsstoff aus. Wir blicken nach Osten und suchen den Horizont nach Heimat ab.

Langsam nähert sich die MS *Karina* der Elbmündung. Auf der Brücke sitzt jetzt der Kapitän. Immer wenn wir uns einem Ziel nähern, ist das Navigieren Chefsache. Smoothiger Jazz. Ivan hockt da, eine Tasse China-Block in der Rechten, die Linke klopft den Rhythmus, den ihm der Gitarren-Fernkurs abverlangt. Es passt zu dem grandiosen Sonnenuntergang, von dem wir uns wegbewegen, und zu der mittelblauen, später schwarzblauen Nacht, der wir uns nähern. Funksprüche von der Schiffsüberwachung Cuxhaven. Ein Mail ploppt auf. Das Schiff, das wir vorhin passiert haben, schickt ein Foto, das im Vorüberfahren entstanden ist. Das erste Bild, das die MS *Karina* zu einem Zeitpunkt zeigt, an dem der verwirrt-glückliche Chronist mit an Bord ist. Kurz danach schmiegt sich ein kleines Küstenwachschiff an uns und der Lotse klettert über das Fallreep an Bord. »Moin, moin!« Es ist Abend. Wir sind wieder zu Hause. Der Mann schüttelt mir die Hand. Ab sofort übernimmt er das Ruder. Der Käpt'n steht draußen auf der Backbord-Nock und bereitet das Anlegemanöver in der Schleuse Brunsbüttel vor.

Die MS *Karina* radiert an die Pier. Vor eineinhalb Wochen begann hier mein Abenteuer. Hier wird es enden – in eineinhalb Wochen. Wie schnell ich mich an das Bordleben gewöhnt habe. Dort drüben stand ich, als ich einen ersten Blick auf »mein« Schiff werfen durfte. Majestätisch schob sich die alte Dame, vom Elb-Kanal kommend, am großen Leuchtturm vorbei. Heute stehe ich selbst oben auf der Brücke, wie damals der Frauenversteher Balu. Jetzt bin ich Teil jener Welt, nach der ich mich so lange gesehnt habe und die sich nun Tag für Tag erfüllt.

Die Crew macht die Leinen fest, ein zweiter Lotse und der Schiffsagent kommen an Bord. »Moin, Moin!« Die MS *Karina* hat die große Runde zu Ende gebracht. Nun beginnt die zweite. Balu wird noch drei Monate reisen, ehe er nach Hause darf, zu seiner Liebsten und zu den Krokussen, die dann schon verblüht sind. Er wird das Foto mit nach Hause bringen, von damals, als er auf Wache war und über die Nordsee in Richtung Heimat fuhr, und er wird sich freuen daran. So wie alle anderen Seefahrer, die Teil haben am täglichen Wunder des Lebens, wenn die Sonne über den Meeren dieser Welt ihre immerwährende Reise tut.

Meine neue Familie
Ostsee, 23. März

Eine innere Unruhe weckt mich. Ich sehe aus dem Fenster, wir nähern uns Kiel-Holtenau. Die verringerte Geschwindigkeit des Motors hat mich geweckt. Ich gehe nach oben. Auf der Steuerbord-Nock habe ich die beste Aussicht. Unten stehen Mitko und Radek bereits auf Position. Ivan hat sein warmes Zeug angelegt – für das Anlegemanöver. Es ist bitterkalt. Ich gehe hinein ins Warme. Auf der Brücke sitzen die beiden Lotsen. »Moin, moin!« Diesmal stimmt der Gruß mit der Tageszeit überein. Es herrscht angespannte Ruhe. Das Einfahren ins Schleusenbecken erfordert Konzentration. Zwei Schiffe liegen vor uns, darunter die MS *Envico*, jenes Schiff, dessen Kapitän gestern das Foto geschickt hat. Ivan zirkelt dicht an die Kaimauer heran. Er steht oben im Aussichtsturm und späht wie ein Habicht herunter auf seine Beute. Er sieht wirklich aus wie Bilbo Beutlin, der Hobbit, der nie Mütze trägt – täte er es aber, sähe er aus wie Ivan, der Kapitän, der stets Mütze trägt.

Unten an der Pier warten zwei Mädels und winken ausgelassen zu mir herauf. Die Bräute der beiden Offiziere schlagen sich wieder mal eine Nacht um die Ohren. Möwen keckern. Auch sie heißen uns willkommen. Es ist vierhundertfünfzehn und dementsprechend noch stockdunkel. Am Kai gehen die beiden Festmacher mit den langen Leinen neben dem Schiff einher und legen sie um die Poller. Die Taue straffen sich. Ein Ruck und das Schiff steht still. Stanek, die Maus, klariert die Gangway. Die Lotsen gehen von Bord, Agenten kommen. Papierkram: Beladung, Besatzung, das ganze Brevier. Unten fallen die Bräute ihren Offizieren ausgelassen um den Hals, flüstern ihnen schöne Worte ins Ohr und versprechen, einander nie, nie zu vergessen – all die geheimen Schwüre eben, die sie im Herzen verwahren, um sie ihren Seemännern auf die Reise mitzugeben. Ivan zwinkert mir zu. Auch er beobachtet das immer gleiche Ritual, das sich Tag für Tag an den Hafenmauern dieser Welt wiederholt: Mädels warten sehnsüchtig auf ihre Jungs, die sich draußen auf See nach nichts mehr sehen als nach ihren Mädels.

Radek und die anderen Matrosen bunkern Proviant. Er muss für die nächsten eineinhalb Wochen reichen. Palette um Palette verschwindet im Bauch des Schiffes. Sogar auf hochprozentigen Nachschub für den Herrn Passagier haben sie nicht vergessen. Wenn alles verstaut ist, ist die MS *Karina* wieder startklar. Das Schleusentor öffnet sich, die Leinen werden losgemacht und das Schiff löst sich vom Kai, während die Bräute ihren Offizieren ein letztes, fröhliches Lebewohl zuwinken. Die Männer stehen an Deck, blicken wehmütig zurück und halten ihre Wäschesäckchen in der Hand, in denen Geheimbotschaften stecken, nebst einem Paar frischer Socken, einem warmen Pullover, vielleicht sogar einer neuen Strickmütze – Dinge des täglichen Lebens eben, die sie an ihre Liebe zu Hause erinnern sollen.

Auf der Brücke läutet der alte Ozzy die Frühschicht ein. Ivan studiert die Radarschirme, die Route und

Wassertiefstand anzeigen. Die Fahrrinne in der Kieler Förde muss penibel eingehalten werden. »Ich lege mich noch aufs Ohr«, sage ich, weil mir grade nichts anderes einfällt. »Schlaf gesuuund!«, brummt es kaum hörbar, Herr Osbourne macht mörderischen Krach. Auch Bilbos Gedanken scheinen weit weg zu sein, vielleicht zu Hause in St. Petersburg, wo auch auf ihn eine Liebste wartet. Wir Seeleute haben eben auch unsere blauen Stunden.

Fünfhundert. Die Mannschaft hat sich auf Kammer zurückgezogen, das Herz der alten Lady schlägt gleichmäßig, die See ist ruhig. Nur von ganz unten, aus der Kombüse, ist das leise Klappern des Frühstücksgeschirrs zu hören.

Kurz vor acht erwache ich wieder. Lenni erwartet mich mit leuchtenden Augen: »We will arrive tomorrow morning in Oxelösund. And, as I heard from the captain, we will stay for two days … So, you have time for Stockholm!« Was für eine Neuigkeit! Ich falle ihm beinahe um den Hals, so sehr freut mich die Aussicht auf eine neue Stadt. Er drückt mir verschämt einen USB-Stick in die Hand, auf dem Fotos gespeichert sind, die er anlässlich seines letzten Besuches dort gemacht hat, und er erzählt von einem der schönsten Tage seines Lebens und was er nicht alles gesehen und erlebt hat. Seefritzen fahren zwar um die Welt, aber mehr als die Frachthäfen bekommen sie selten zu sehen. Besonders gut hat Lenni der Nachbau eines Schoners aus dem siebzehnten Jahrhundert gefallen, ganz aus Holz. »You have to see it!«, sagt er und blickt mir dabei tief in die Augen.

Auf Kammer klicke ich mich durch die üblichen Schnappschüsse eines Urlaubstages – tatsächlich aber bedeuten sie sehr viel mehr: Erinnerungen an einen Tag, der ihn unendlich glücklich machte. Zu Mittag bringe ich ihm den Stick zurück. »Such a great day!« und er wirft übermütig ein paar Eier in die Pfanne. Mit der tief in die Stirn gezogenen Kapuze sieht er aus wie ein Kind, der Koch aus Kiev, der damals vor vier Jahren einen so schönen Tag verbringen durfte. Seine Unschuld berührt mich, und ich verspreche, mir das alles ebenfalls anzusehen, und sehr aufmerksam noch dazu.

Der Tag bleibt ruhig, wir haben gutes Wetter und ich arbeite bis zum Abend. Meine beiden literarischen Geschöpfe nehmen mehr und mehr Gestalt an. Das Nachtessen verdrücke ich mit Balu, dem Zweiten, der Erster werden will. Er trägt eine neue Strickmütze, auf seiner Wange bemerke ich verwischte Spuren von Lippenstift. Er erzählt von einer Passagierin, die Jahr für Jahr zu Weihnachten aufs Schiff kommt, um die Feiertage mit »ihren« Jungs zu verbringen. Jede Menge Selbstgebackenes bringt sie mit und jede Menge Geschenke. Die Seeleute sind ihre Familie, und mit ihr will sie die Festtage verbringen.

Die Männer hier draußen verrichten Tag für Tag eine einsame Arbeit. Im Herzen aber haben sie ihre Kindheit bewahrt. Weihnachten ist für sie ein Fest gemeinsamer Freude. Sie gehören eben zusammen: Lenni, der vor Jahren einen so unvergesslichen Tag verbrachte und ein Schiff aus Holz sah, Balu, der auf der Wange noch ein bisschen Zärtlichkeit mit sich trägt, Wim, der bald Vater wird, Bilbo, der Käpt'n, der so gerne gegen Sandsäcke hüpft, und die drei polnischen Matrosen, die bei Wind und Wetter auf der Back oder hinten auf Poopdeck, mit schweren Leinen hantieren und zwischendurch auch für alle anderen Arbeiten zuständig sind, die sonst keiner verrichten mag. Und nicht zu vergessen, der Passagier, der kein Passagier mehr ist, weil er längst schon zum Seefahrer geworden ist – auch er darf dazugehören, zu seiner neuen Familie. Denn der zweite Teil der Reise beginnt hier und jetzt und mit dem heutigen Tag.

»It's easy! It's fun!«
Oxelösund – Stockholm, 24. März

Gestern habe ich bis spät in die Nacht hinein gearbeitet. Ich folge meinen beiden Freunden Wort für Wort. Sie leben, ich schreibe, so weit unsere Abmachung. Das Wetter verspricht heute wieder strahlend zu werden. Auf der Brücke nehme ich meinen Morgenkaffee. *Roll over Beethoven* plärrt aus den Boxen. Vor, Drehung, Sprung, Ausfall, Kick. Statt des Gummimessers hält Bilbo heute einen stilisierten Schlagstock in der Hand. Unablässig traktiert er seinen Feind. Dann lässt er keuchend von ihm ab, der Sack gibt sich geschlagen.

Ich sage: »Heute ist noch weniger Wind als gestern!«

»Yes, that's what we like!« Der St. Petersburger Streetfighter schmeißt sich in die nächste Trainingseinheit. Der Schlagstock bleibt auf dem Kapitänsbord. Er ist schwarz, die Buchstaben US sind am Schaft eingraviert. Der Kalte Krieg ist lange schon beendet. Oder doch nicht? Letztlich sind sie Brüder, die beiden Großen, es kommt nur auf den Blickwinkel an.

Wir legen am Stål Hamn von Oxelösund an. Das Manöver ist immer das gleiche, aber jedes Mal von Neuem aufregend. Gewohnheitsmäßig packe ich Schreibzeug und Pass in meinen Rucksack. Ivan hat ein Taxi organisiert, der Wagen wartet bereits jenseits der Absperrung. Wir verlassen das Industriegelände und fahren bis zur Busstation.

Der Siebenhundertfünfzehner setzt mich in Nyköping ab. Sogar das Busticket kann man hier per Kreditkarte bezahlen. Kein Mensch will mehr Bares sehen, alle wollen Plastik. Aber auch das gehört bald der Vergangenheit an, man ist hier bereits den entscheidenden Schritt weiter. Am Bahnhof steht ein Typ, der eine Obdachlosenzeitschrift verscheuert. Um seinen Hals hängt ein Ausweis mit einer Telefonnummer, auf die man die Kosten für das Magazin überweist, inklusive Trinkgeld. Das Zauberwort heißt »Swish«. Dahinter verbirgt sich der Name einer App, die per Smartphone den Betrag abbucht. Ob im Taxi, an der Dönerbude, ob beim Kauf eines Bleistiftes, eines Autos oder einer Banane, man zahlt, indem man die Nummer in sein Handy eintippt, möglichst die des eigenen Kontos. Einziges Risiko: ein leerer Akku. Aber den »er-swisht« man sich ja auch. Das System funktioniert. Und: Es gibt keine Transaktionsgebühren. Noch nicht. Die App gehört gemeinschaftlich, no na, den schwedischen Banken. In der jährlich einbehaltenen Servicepauschale ist alles abgegolten. Was aber machen ältere Menschen, die kein Handy haben oder die es nicht zu bedienen wissen, einfach weil ihnen die Zeit entglitten ist? Sie brauchen Bargeld, das es aber bald nicht mehr gibt. Dann ist ihnen die Zeit endgültig davongelaufen.

Am Bahnhof finde ich keinen Ticketschalter. Ein Automat ist mein Ansprechpartner. Er verlangt Vor- und Zunamen. Er erkennt, registriert und speichert meine Daten, die Kreditkarte gibt ihm bereitwillig Auskunft. Wie beunruhigend. Einen Monat später gibt es in der Innenstadt von Stockholm einen Terroranschlag. Ein

LKW rast mit hoher Geschwindigkeit durch die Fußgängerzone und steuert geradewegs in ein Kaufhaus. Vier Menschen werden getötet, fünfzehn schwer verletzt. Vielleicht hat der Automat in Nyköping ja recht. Er kann nicht wissen, dass ich ein harmloser Tourist bin, der nichts anderes im Sinn hat, als mit dem Zug nach Stockholm zu fahren, um dort ein paar Reiserlebnisse in sein rotes Büchlein zu notieren. Er registriert aus vorsichtiger Routine. Oder aus routinierter Vorsicht. Vielleicht gut so.

Im Zug fällt mir ein Witz ein: Trifft ein Stockholmer einen Göteborger. Sagt der Stockholmer: »Wenn wir über euch sprechen, reden wir von Kalle oder Klas. Wie sprecht ihr eigentlich ihr über uns?« – »Gar nicht.«

Hauptstädter haben es nirgendwo leicht. Das gilt auch für die »Null-Achter«. So werden die Stockholmer ihrer Telefonvorwahl wegen von all jenen genannt, die es noch zu keiner der heiß begehrten Stadtwohnungen gebracht haben. In Stockholm sind die Mieten unerschwinglich hoch. Wer eine Wohnung hat, darf sich glücklich schätzen und gibt sie tunlichst nicht mehr her. Stockholm stand bei den Schweden immer schon hoch im Kurs. Keine andere Hauptstadt hat derart viel Grünzeug, geschweige denn Wasser vor dem Bug. Die Stadtfläche verteilt sich auf insgesamt vierzehn Inseln.

Die Fahrt von Nyköping nach Stockholm dauert knapp über eine Stunde. Man kann sowohl mit dem Zug als auch mit dem Schiff bis ins Zentrum fahren. Inseln, Brücken, Schiffe. Was für eine Stadt! Enge Gassen in Gamla Stan, der Alten Stadt, breite Boulevards in der neuen. Ich shoppe ein paar Souvenirs. Radek hat mich um eine Teetasse mit der originellen Aufschrift »Stockholm« gebeten. Für Bilbo erstehe ich im Fachgeschäft *Music Legends* eine Miniaturgitarre. Das Original wurde Abend für Abend von Randy Rhoads, dem Gitarristen von Ozzy, zu Kleinholz verarbeitet.

An einem hübschen, kleinen Platz entdecke ich das Alfred-Nobel-Museum. An der Kassa sage ich: »Ob Sie's glauben oder nicht, ich bin Senior.« Die freundliche Dame wendet sich an ihre Kollegin: »Der Herr behauptet, er wäre Senior. Glauben wir es ihm?« Darauf die Kollegin: »Menschen mit Humor kommen hier umsonst rein.« Ich bekomme ein Gratisticket. »Nobel« wird hier, scheint es, auf der ersten Silbe betont. Ich erzähle der freundlichen Dame, dass ich in meinem Theater ein Stück produziert habe: *Mr. & Mrs. Nobel* von Esther Vilar. Es geht um die lebenslange Liebe zwischen Alfred Nobel und Bertha von Suttner. Er, der schwedische Chemiker und Erfinder des Dynamits, und Bertha, die engagierte Kriegsgegnerin und Friedensaktivistin. Was für eine Amour fou! Die Etikette zwang Bertha, standesgemäß zu heiraten, ihr Herz aber hat sie dem um vieles älteren, in Paris lebenden Monsieur Nobel geschenkt, der der Nachwelt auf ihre Initiative hin ein beachtliches Vermächtnis hinterließ: Aus den Zinsen der Vermögensveranlagung wird das Preisgeld für die nach ihm benannte Auszeichnung zur Verfügung gestellt. Ein Komitee ehrt alljährlich Wissenschaftler und Forscher, Literaten und Friedensaktivisten, ohne deren Wissen und Wagemut die Welt um genau diese Inspiration ärmer wäre. Auch Bertha von Suttner zählte dazu: Sie war die erste Gewinnerin des Friedensnobelpreises. Nobel, der der Welt mit seiner Erfindung den Tod brachte, liebte eine Frau, die den Frieden zu ihrem Lebensthema machte. Was für eine Geschichte! Und was für ein schönes Museum, das allen Ausgezeichneten den ihnen zustehenden Platz schenkt.

Ich schlendere durch die malerische Altstadt. Unterwegs sehe ich einen hübschen Buchladen. Inmitten von Büchern nehme ich Platz. Ich fühle mich wohl hier, genieße die Ruhe, schließe die Augen und denke an Berthas seltsame Liebe. Aber ist die Liebe nicht immer seltsam? Ich erwache (bin wohl eingenickt) und arbeite ein bisschen an meinem Stück. Umringt von Buchstaben fliegen mir die Worte zu, ich brauche sie nur mehr zu ordnen.

Dann schlendere ich zurück zum Bahnhof. In der großen Halle sitzen Frauen, die lustige rosarote Zipfelmützen auf dem Kopf tragen. Sie sehen aus wie Schlümpfe, nur eben die schwedische Ausgabe des belgischen Originals. Die Frauen stricken. Versteckte Kamera? Ich blicke mich vorsichtshalber um. Im nächsten Augenblick habe ich zwei Nadeln in der Hand und eine Mütze auf dem Kopf. Eine der Schlumpffrauen hat sie mir aufgesetzt. Sie zeigt mir kichernd, wie man Luftmaschen »fängt«: Nadel durchziehen, zweimal oben, einmal unten, zurück, fertig. Ich gebe mir Mühe, will, kann aber nicht, und dann – dann halte ich tatsächlich eine Luftmasche an der Nadel. Zufall. Glaubt man das? Ich sitze in der Centralstation von Stockholm, warte auf meinen Zug nach Nyköping, trage eine rosafärbige Zipfelmütze auf dem Kopf und fange Luftmaschen, schlimmer – ich stricke. Wenn mich jetzt meine Seemannskollegen sähen, sie würden ihre

Drohung wahr machen und ohne mich ablegen. Verbissen kämpfe ich mich Masche um Masche vorwärts, was bei meiner aufmerksamen Lehrerin immer bessere Laune hervorruft. Nicht jede will gelingen, aber hier zählt der Wille fürs Werk. Der Mann aus dem Land der Kängurus (ich lache mich tot, weltweit die gleiche Leier mit Austria und Australia) wird im »Werken« unterwiesen.

Es kommt noch dicker: Eine der Frauen stopft sich ein Kissen unter den Pulli und hopst unter dem Gelächter aller wie ein Beuteltier durch die Halle. Was immer hinter dieser Aktion steht – der Weltstricktag, eine PR-Aktion für Down Under oder der Flashmob einer Gender*Queer Lecture –, sie macht Spaß, zumindest den anderen, und das ist doch was. »It's easy!«, ruft mir die Oberzipfelmütze, meine Lehrerin, zum Abschied zu, »It's fun!« Der Zug nach Nyköping fährt ein. Und darüber freue ich mich gerade sehr …

Ein Leuchten in der Nacht
Oxelösund – Stockholm, 25. März

Wieder arbeite ich lange. Meine Figuren lassen mich nicht los. Wim, der Erste, steht auf Deck, sein Dienst geht zu Ende. Die große Luke zu den unterirdischen Ladekammern schließt sich. Auch für ihn ist jetzt Feierabend. Er erzählt mir von den Schwierigkeiten seines Jobs. Täglich grüßt das Murmeltier: Die Hafencrews sind in autonomen Syndikaten zusammengeschlossen, ihre Entlohnung wird von den Kursschwankungen des Marktes bestimmt. Am Morgen weiß man nicht, wie umfangreich die Crew der Nachmittagsschicht ist. Dementsprechend anspruchsvoll ist es, einen Zeitplan zu erstellen. Der Schiffscharterer ist für den Transport von A nach B verantwortlich. Da genaues Planen aber unter diesen Umständen nahezu unmöglich ist, bleibt es dem Geschick der Offiziere überlassen, das Löschen und Beladen zu organisieren und den Budgetplan einzuhalten. Basis all dessen ist ein amikales Arbeitsverhältnis zur Hafencrew.

Zweitausendzweihundert. Für Landratten: zweiundzwanzig Uhr. Auf der MS *Karina* wird es ruhig. Morgen um sechs werden die Arbeiten weitergehen. Voraussetzung ist, dass der Charterer mit der schwedischen Hafencrew zu einem für beide Seiten zufriedenstellenden Lohnabschluss kommt. Morgen vor der Frühschicht wird weiterverhandelt. Da wir aus diesem Grund sicher nicht vor dem Abend auslaufen werden, bekomme ich von Wim freie Fahrt für einen neuerlichen Stockholm-Tag.

Am Morgen fällt mir Radek vor Freude um den Hals. Ich habe ihm zuvor die mitgebrachte Teetasse mit den vielen bunten Bildern auf seinen Platz in der Mannschaftsmesse gestellt. Mit seinen mächtigen Seemannspranken, in denen die Tasse beinahe völlig verschwindet, dreht und wendet er sie und kriegt sich nicht ein vor Begeisterung. Ich habe mich immer schon gewundert, wem in aller Welt diese kitschigen Dinger eigentlich Freude bereiten. Nun weiß ich es. Ich glaube, ich habe in Radek einen Freund gefunden.

Eigentlich wollte mich Lenni für den Fall, dass wir den Tag über noch hier bleiben, in »seine« Stadt begleiten. Leider muss er an Bord bleiben, Befehl von oben. Ein paar Leute vom Hafenbüro haben sich zum Mittagessen angesagt. Aber auch er weicht mir nicht von der Seite. Ob ich ihm wohl auch eine so hübsche Tasse für seine Sammlung mitbringen könnte? Er sieht mich mit seinen großen Bubenaugen an. Ob ich das für ihn tun würde? Es wäre sein größter Wunsch. Dabei wandert verschämt Kleingeld in meine Hand. Im nächsten Moment ist er hinter seinen Töpfen und Pfannen verschwunden. Draußen, vor der Security-Schranke, wartet das Taxi. Der Chauffeur gibt Gas, über das Hafengelände legt sich eine dicke Staubschicht. Hinter dem Bullauge der Kombüse blickt mir Lenni wehmütig nach. Kaum bemerkt er meinen Blick, taucht er ab in sein kleines Nirosta-Reich.

Obwohl es eiskalt ist, kündigt sich ein strahlender Stockholm-Tag an. Ich spaziere von der Centralstation, dem Ort meines gestrigen Triumphes, in Richtung Nybroviken, einer hübschen Bucht, in der jede Menge Ausflugsboote liegen, direkt zum Dramatiska Teatern. Die kunstsinnigen Stockholmer haben ihr Haus kurz und knapp in Dramaten umbenannt. Das Theater hat mir einst die Uraufführung des Stückes über Bertha und Alfred kurz vor der Premiere weggeschnappt. Auf dem Planet Theater macht man das so: Da unsere Aufführungsserie schon fixiert war (die Karten waren längst verkauft) habe ich die Vorstellungen bis zum Zeitpunkt der schwedischen Aufführung als »Einspielvorstellungen« deklariert. Kaum hat das Stück in Stockholm das Licht der Bühnenwelt erblickt, war für den darauffolgenden Abend die Premiere angesetzt. Wahrscheinlich fragen sich unsere Besucher heute noch, weshalb im Anschluss an die damalige Repertoirevorstellung so viele Menschen vor den Vorhang traten, inklusive der nach Wien eingeflogenen Autorin, um den Applaus des ahnungslosen Publikums entgegenzunehmen.

Ich umrunde das Theater und grüße im Geiste die Kollegin Intendantin, die wohl noch immer im Glauben ist, mir damals ein Schnippchen geschlagen zu haben. Neben dem Haupteingang befindet sich eine Statue von Margaretha Krook, eine der bedeutendsten Schauspielerinnen des Landes. Vor jeder Vorstellung pflegte sie an eben dieser Ecke zu stehen, um »ihr« Publikum zu beobachten. Zur Nervenberuhigung rauchte sie dabei gerne die eine oder andere Zigarette. Margaretha steht immer noch da, in Hosen, Steppjacke, einen Schal um den Kopf, ganz so, als wollte sie auch viele Jahre nach ihrem Tod jeden Zuseher persönlich begrüßen. Inzwischen ist die Krook zu Bronze erstarrt, an einigen Stellen weist die Statue Flecken auf. Offensichtlich wollen ihr die Menschen, die sie zeit ihres Lebens berührt hat, Gleiches zurückschenken. Lange nach ihrem Tod strahlt Margaretha immer noch Herzenswärme aus. Kein Wunder, in ihrem Inneren verbirgt sich eine Warmwasserheizung, die die Statue konstant auf einer Temperatur von siebenunddreißig Grad hält.

Gegenüber dem Theater befindet sich der Strandvägen, die schöne Uferpromenade, an der unzählige prächtige Yachten vertäut liegen. Obwohl ich seit Wochen am Schiff lebe, kann ich mich immer noch nicht sattsehen an diesen Dingern. Mein Ziel ist die Insel Djurgarden, auf der einige schöne Museen stehen: das Vasa-Museum, das ABBA-Museum und der Vergnügungspark Gröna Lunds Tivoli. Von dort geht's per Schiff zurück nach Gamla Stan.

In der Deutschen Kirche mache ich Rast, ich bin einigermaßen erschöpft vom langen Gehen. Gerade übt ein Kinderorchester unter der Leitung seiner Musiklehrerin ein Flötenstück ein. Die Kinder sind mit Feuereifer bei der Sache. Ich kann nicht genug kriegen von diesen entzückenden kleinen Geschöpfen, die so andächtig auf ihren Instrumenten herumtröten, um ihnen einigermaßen gerade Töne zu entlocken. Es erinnert mich an zu Hause, wo mein geliebtes Wesen gerade Ähnliches tut: Die Vorbereitungen ihrer kleinen Feen, nebst dazugehörenden Prinzen, für das bevorstehende Osterfest laufen auf Hochtouren.

Ich zwänge mich durch die schmalste Gasse Stockholms, die Mårten Trotzig Gränd. Sie misst einen halben Meter Breite, benannt ist sie nach einem gewissen Herrn Trotzig, der sein Vermögen mit Kupfer und Eisen machte. Die Gasse ist so eng, dass der Durchgang für das gemeine Volk eine Zeit lang untersagt war. Grund: Der König passte nicht durch, das Essen im Palast schmeckte ihm einfach zu gut. In Hull durfte ich das schmalste Fenster des Königreiches bewundern, hier wird die schmalste Gasse nachgereicht. Ich kann's gar nicht erwarten, was als Nächstes drankommt – auch Belgien, unsere nächste Station, wurde von Königen regiert.

In der Stora Nygat stehen die Souvenirläden Backe an Backe. Hier ist alles fest in türkischer Hand. Ich kaufe Lennis Teetasse, ein besonders furchterregendes »Kitsch as Kitsch can«-Exemplar. Jeff Koons könnte sich hier ein paar Anregungen für seine Bild-Erfindungen holen. Um es klar zu sagen: Koons ist keineswegs Kitschkünstler. Er bedient sich halt nur mit all dem ihm eigenen subversiven Humor am Wühltisch der Trivialität, um Stereotype in Eigenes zu transformen. Ist es nun Kunst oder Kitsch? Die Wahrheit liegt wohl dazwischen und sein Künstlername macht die Differenz aus.

In einem anderen Geschäft entdecke ich einen Nachbau der *Vasa*, jenem Holzschiff, das Lenni zu Tränen rührte. Die Miniatur passt in ein waagrecht liegendes Glasfläschchen von kaum drei Zentimeter Länge. Ist das etwa auch schon Kunst? Wenn Koons drunterstehen würde, gewiss.

Der Tag geht zu Ende, ich fahre zurück nach Oxelösund. In den Fenstern der Häuser in Küstennähe sind kleine Lichtampeln befestigt, ihr Schein gilt all jenen, die gerade draußen, auf den Meeren dieser Welt, unterwegs sind. Er möge ihnen den Weg nach Hause weisen, zu den Menschen, die mit all ihrer Liebe auf sie warten. In meiner Kammer lösche ich heute Nacht die kleine Schreibtischlampe nicht, im Gegenteil … ich öffne einen Spalt breit den Vorhang und sehe noch lange hinaus in die Tiefe der Nacht, bevor ich in einen langen, traumlosen Schlaf hinübergleite.

Unsere Träume
Ostsee, 26. März

Heute ist es bereits eine Stunde später. Die Winterzeit liegt hinter uns, nun beginnen die Tage früher. Mag daraus schlau werden wer will, ich freue mich über alles, was mir den Sommer näher bringt.

Arbeitsbeginn im Hafen von Oxelösund: Die eisernen Falttüren zu den Ladeluken öffnen sich knarzend, bis sie an beiden Seiten senkrecht einrasten. Ein Ruck geht durchs Schiff. Spätestens jetzt sind alle wach: die Matrosen, die Offiziere, der Kapitän, auch die, die die Nacht über Wache hielten. Ganz zu schweigen vom Herrn Passagier. Der steht bereits wieder mit klopfendem Herzen am Fenster, oben in seiner Kammer, und betrachtet die Wunderwelt unter sich. Der mächtige Kran, der auf dem Kai auf und ab rollt, hebt die erste Ladung von der Hafenmauer hoch und versenkt sie tief unten im Frachtraum. Wir laden Stahlplatten für Antwerpen, dort werden wir Container aufnehmen, sie nach Hull transportieren, wo wir Ladung für Amsterdam an Bord holen werden. Dann geht's zurück zum Kanal und genau dann … sind meine drei Wochen um. Ich darf gar nicht daran denken.

Ich stürze mich in die Arbeit, vor dem Frühstück will ich noch einiges schaffen. Danach ist Waschtag angesagt. Erst Buntes, dann Weißes. Unten, neben der Kammer für Proviant, steht die Maschine, gleich daneben der Trockner. Zu Mittag ist alles kastenfertig.

Wim, der Erste Offizier, berichtet von einem gestrigen Arbeitsunfall: Einer der Hafenarbeiter hat sich zwischen Stahlplatte und Schiffsrumpf einen Finger eingeklemmt und musste mit dem Schneidbrenner befreit werden. Später, im Spital, haben sie den Finger amputiert. »Eine Stunde Zeitverlust«, sagt er, »Die Arbeiter haben ihre Arbeit beendet und das Syndikat hat Lohnverhandlungen aufgenommen.« Erst nachdem man auf ihre Bedingungen eingegangen war, haben sie weitergemacht.

Lenni umarmt mich. Er bedankt sich mit leuchtenden Augen für die Teetasse und das Miniaturschiffchen. Nun hat er zwei Souvenirs, die an den schönsten Tag seines Lebens erinnern.

Ich feile an den Dialogen. Immer wieder lasse ich meine beiden Freunde die Sätze wiederholen. Ich spreche laut mit. So lange, bis sich die Worte geschmeidig genug anfühlen. Der Dialog muss selbstverständlich wirken, spontan. Ob das Stück je das Licht der Öffentlichkeit …? Wohl nicht. Dramaturgen greifen lieber zu Bewährtem. Am besten wäre es, wenn ein großes Theater anbeißt. Dann würden auch die anderen auf die Beute aufmerksam werden. Es gibt eine Menge Bühnen. Alle wollen Uraufführungen und die Schauspieler brauchen Rollenfutter. Ob ich jemals den denkbar größten Albtraum erleben werde und mein eigenes Stück sehe? Eine Nervenschlacht! Wie soll man den Künstlern beibringen, dass der Text anders gemeint war? Wie den Autor, mich selbst, von notwendigen Kürzungen überzeugen, vor allem davon, dass erst die Textadaptionen das Stück bühnentauglich machen? Als Direktor, der um seine Uraufführung bangt, habe ich das nur allzu oft erlebt.

Zu Mittag mache ich Pause. Mitko erzählt mir von Brügge und dass ich da unbedingt hin muss. Stanko, die Maus, pfeift um die Ecke und nickt mir schüchtern zu. »Good holidays, Sir?«

»Best holidays!«, sage ich und meine es auch genau so. Er wackelt mit den Ohren. Ich frage ihn, wann wir ablegen.

»Thirteen hundred. No, sorry, one hour later. We have summer, today!«

Er sollte recht behalten. Punkt vierzehn Uhr stechen wir in See. Kurs: Kalmarsund. Am Himmel zeigt sich keine Wolke. Unzählige Vögel geben der MS *Karina* Geleit auf ihrem Weg in den Süden. Wir bewegen uns im Schritttempo, vorbei an vielen kleinen Inseln, die auch hier der Küste vorgelagert sind. Den Nachmittag über arbeite ich durch. Die Sonne ist bereits untergegangen, als ich hinauf auf die Brücke komme. Balu, der Zweite, hat heute das Kommando. Am Horizont liegt ein orangerotes Band, scharf abgegrenzt zum tiefblauen Meer. Darüber der Abendhimmel. Ich trete hinaus auf die Nock. Die Luft ist angenehm lau. Auch im Norden wird es Sommer. Er hat uns zwar eine Stunde Zeit genommen, dafür aber belohnt er uns mit Wärme und der Schönheit des Lichts.

Das Schiff fährt auf Autopilot. Lange schweigen wir, Balu und ich. »Was machst du eigentlich den ganzen Tag?« Er sieht mich fragend an.

»Ich arbeite an einem Theaterstück. Das Vietnam-Buch ist fertig redigiert, das Burma-Buch auch und ein neues entsteht.«

»Das machst du alles?« Eigentlich kann ich es selbst kaum glauben. Die Abgeschiedenheit und die meditative Ruhe der Reise geben mir die Kraft, an drei Büchern gleichzeitig zu arbeiten. Und neben alldem entsteht auch noch mein erstes Theaterstück. Vor genau fünf Tagen habe ich damit begonnen, an jenem Tag, an dem wir von Hull ablegten. »Bald bin ich fertig. Dann lasse ich es dich lesen. Schließlich gehört es ja auch zu einem gewissen Teil euch.«

Er blickt über das Meer. Er hat gar nicht zugehört. »Für diese Augenblicke lebt man«, sagt er. Die Dämmerung liegt über der spiegelglatten See. Möwen fliegen knapp oberhalb der Wellen, um dann hoch hinauf zu steigen und sich in der Röte des Abendhimmels zu verlieren. Weit draußen kreuzen Schiffe unseren Kurs. Wie Papierarbeiten sehen sie aus, filigrane Scherenschnitte. Damals, am Nachtmarkt von Hanoi, habe ich eines dieser winzigen Kunstwerke erstanden. Wochenlang habe ich es mit mir herumgetragen, später bin ich damit um die halbe Welt geflogen, mein Ehrgeiz war, es wohlbehalten nach Hause zu bringen. Es ist gelungen.

Ich versuche mir vorzustellen, was sich jenseits der Schiffe verbirgt. Vielleicht liegt dort drüben das Land, in dem sich unsere Hoffnungen erfüllen. Nur die, die in ihren Träumen leben, dürfen es betreten. Jetzt, da ich dies denke, sehe ich dich weit, weit hinter all den Schiffen an deinem Küchenfenster sitzen. Vielleicht suchst auch du gerade die Dunkelheit nach jenem Horizont ab, der uns gleichermaßen trennt und eint. Ich fühle so starke Sehnsucht, wenn ich an dich denke, Zärtlichkeit sowieso. Ich schreibe all dies auf, um es später mit dir gemeinsam zu lesen.

Auch Balus Gedanken haben sich, scheint es, weit hinter der untergegangenen Sonne verloren. Lange stehen wir da. »Man kann sich kaum an all das gewöhnen.« Hinter mir fällt die schwere Eisentüre ins Schloss, er ist zu seiner Arbeit zurückgekehrt. Ich bleibe noch eine Weile stehen und versuche die Zeit zu überlisten, indem ich zähle, wie lange es dauert, bis es gänzlich Nacht geworden ist. Dann denke ich mir noch schnell einen Namen für jenen winzig kleinen Stern aus, der dort drüben am Horizont funkelt, und folge meinem Freund nach drinnen.

Er ist dabei, Tee aufzubrühen. »Ich wecke den Käpt'n genau zehn Minuten vor seiner Wache. Er will es so.« Ivan, der Hobbit, wird achtgeben auf uns und auf das Schiff. Er wird sich den alten Gauner Ozzy Osbourne reinziehen, wird uns durch den Kalmarsund steuern, ein paar Sprünge gegen den Sandsack sind wohl auch drin, und dann, dann wird er dahocken und sich in seinen Träumen verlieren – während wir unten in unseren Kammern schlafen, wir acht. Und jeder von uns wird den Weg zu jenem Stern suchen, der nach unserer Liebsten benannt ist.

Knatte, Fnatte, Tjatte
Ostsee – Kiel, 27. März

Ostsee. Es ist neblig heute Morgen. Manchmal setzt sich die Sonne durch, dann gibt es Wolkenbilder, die mich an Arbeiten von Claude Monet erinnern. Auf der milchigen Wasseroberfläche bricht sich das Licht der aufgehenden Sonne und schraffiert den Schleier rund um uns in zarten Pastellfarben. Ich setze mich an den Schreibtisch. Heute möchte ich das Stück beenden.

Später, auf der Brücke, treffe ich Ivan. Das Geschenk, das ich für ihn in Stockholm gekauft habe, steht auf dem Pult. »The Jackson Randy Rhoads Guitar!« Er hüpft quer durch die Brücke, als hätte er eine Sprungfeder verschluckt. »Randy was in Osbourne's Band. He died in eighty two. Aircraft crash!« Er reißt die Verpackung auf und montiert das Miniaturding auf den beigepackten Ständer. Immer wieder positioniert er es, tritt zurück, betrachtet es, rückt es erneut zurecht. Dann schlägt er seine Gitarrenfibel auf, spielt ein paar Luftakkorde, lacht und kehrt ans Pult zurück. Eine größere Freude hätte ich ihm nicht machen können. Ich frage, ob er aus meiner Kammer manchmal zu laute Musik hört. »Musik stört nicht«, sagt er, »Musik ist Leben!«

Unten, in der Offiziersmesse. Balu bittet mich, die Bullaugen meiner Kammer zu schließen, die Matrosen werden heute das Deck schrubben, bei der Gelegenheit waschen sie auch gleich die Außenwände, es könnte feucht werden. Gleich schiebt er eine Anekdote nach, dass einst ein Passagier das Fenster nicht rechtzeitig geschlossen hat und in seiner Kammer beinahe ertrunken ist. Er brüllt vor Lachen, sodass Lenni mit meinem noch halbrohen Rührei aus der Kombüse kommt, um nach dem Rechten zu sehen. Stanko, die Maus, hat eine Nachricht vom Käpt'n für mich. Er zieht mich in eine Ecke und steckt mir Geld zu. »For the beer you paid yesterday!« Gestern habe ich endlich meine Schulden gezahlt, aber der Kapitän lässt es sich nicht nehmen, mich einzuladen, seine Art, sich für Randys Gitarre zu bedanken. Seebären sind Musiker und Musiker sind Ehrenmänner.

Ich schreibe die letzten Worte meines Stückes. Es ist der siebente Tag. Gott erschuf die Welt in sieben Tagen, sein Volk musste ebenso viele Plagen über sich ergehen lassen. Ob der Text eine Plage ist, weiß ich nicht, und von der Schöpfung bin ich so weit entfernt wie vom Ende aller Tage, aber ich bin fertig. Mein erstes Theaterstück! Es ist auf diesem Schiff entstanden, auf der Reise zwischen Hull, Kiel und Oxelösund. Erschöpft lege ich mich aufs Bett, danach ist redigieren angesagt.

Inzwischen hat die Sonne die Nebelbank durchbrochen. Ich drehe ein paar Runden an Deck und genieße auf dem Vordeck den Fahrtwind, dort, wo die Kraft der Maschine am intensivsten zu spüren ist. Das Kielwasser zerstäubt in goldenen Fontänen und legt sich als Sprühregen über mein Gesicht. Dann steige ich hinauf auf Poopdeck und gerate vom Regen in die Traufe. Ein Wasserstrahl holt mich aus allen romantischen Gedanken – ich hatte vergessen, dass die Matrosen heute mit Deck-

Schärenlandschaft vor
Oxelösund

lick aus der Gamla Stan, der Alten Stadt von Stockholm

Stadtbummel in Stockholm

Vasa-Museum, Stockholm

trandvägen, die Promenade im
achthafen von Stockholm

Die Schlumpffrauen
in der Centralstation
von Stockholm

Windpark in
der Ostsee

Zurück auf dem Schiff: die Backbord-Nock

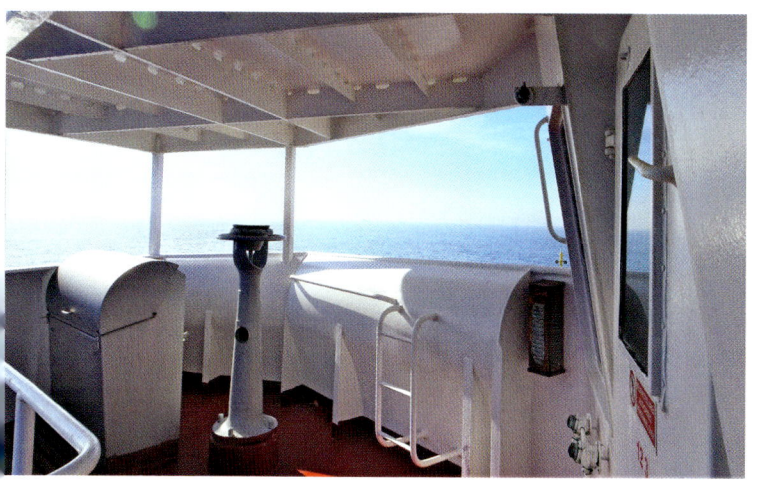

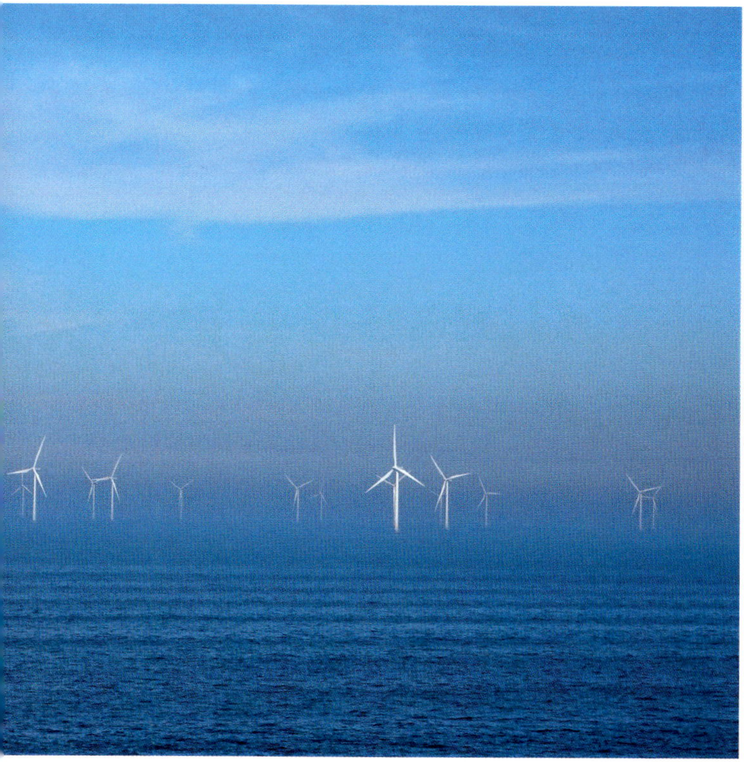

Der Arbeitsplatz des Reiseautors

Der Gang vor meiner
Kammer auf dem
D-Deck

Staneks
Malerarbeiten

Hauptbahnhof Antwerpen-Centraal

Rubens-Denkmal vor
der Liebfrauenkirche,
Antwerpen

m Schippersstraat-
iertel, Antwerpen

Der Hafen von Antwerpen

Wir haben eine neue Passagierin an Bord.

Stanek kontrolliert die
Container-Verspannungen.

trandhüttenromantik:
n der Mündung der
chelde in die Nordsee

Ankerkette der MS *Karina*

Mannschaftsgarderobe

Teeküche an Bord

Stephen Joseph Theatre,
Scarborough

Strand und Promenade von Scarborough

Sonnenuntergang
auf der Nordsee

Küste vor
Cuxhaven

Verladearbeiten
in Velsen

Der letzte Tag

Wieder an Land

schrubben beschäftigt sind. Stanko lässt den Schlauch fallen, das tanzende Ding setzt alles unter Wasser, inklusive mich. Zwar liegt der Äquator Tausende Seemeilen entfernt, dennoch erlebe ich hier und jetzt meine Neptunstaufe (jeder, der zum ersten Mal den größten Breitenkreis überfährt, wird zwangsgewassert). Dass die Äquatorlinie seit Neuestem durch die Ostsee verläuft, damit hatte ich allerdings nicht gerechnet. Aus der Messe dringt das dröhnende Lachen Balus.

Kammer, trockenlegen, dann weiter auf die Brücke. Wim zieht sich gerade eine schwedische Sprach-CD rein. Er liebt das Land. Einmal will er seinem Kind all jene Orte zeigen, an denen seine Eltern den Frühling ihrer Liebe verlebten. Ich frage, wie Tick, Trick und Track auf Schwedisch heißen. Er sieht mich verblüfft an. »Knatte, Fnatte och Tjatte«, sage ich, »Weiß doch jedes Kind!«

»In Schweden vielleicht, aber nicht hier«, sagt er, und damit hat er recht.

»Bis vor Kurzem habe ich es auch nicht gewusst, aber in meinem Stück wird diese Frage gestellt.«

»Hast du den Text nicht erfunden?«, sagt er. »Geschrieben, aber nicht erfunden«, sage ich. Etwas Besseres fällt mir gerade nicht ein. Der Autor muss seinen Geschöpfen einfach nur zuhören, so einfach ist das.

Die doppelte Zeit
Nordsee, 28. März

In der Nacht passieren wir Kiel-Holtenau, zum bereits vierten Mal. Ein Boot hat die Lotsen abgeliefert, und die Herren sind übers Fallreep die Schiffswand hochgeklettert. Radek und Mitko haben ihnen dabei geholfen. »Moin, moin!« Ivan kümmert sich um das An- und Ablegen, dann verschwindet er auf Kammer. Er war die letzten Stunden auf Wache. In der Schleuse Brunsbüttel, gegen vier Uhr früh, wird er das Kommando wieder übernehmen.

Unten am Kai wartet bereits unser Glücksbringer. Das Mädel kann es kaum erwarten, seinen Offizier in die Arme zu nehmen. Kurze Zeit später, wenn genügend Wasser in die Schleuse gepumpt ist, öffnen sich die Schleusentore wieder und die MS *Karina* setzt ihre gemächliche Fahrt durch den Kanal fort. Auf der Brücke ist es jetzt bis auf die Pultbeleuchtung und die Radarschirme völlig dunkel. Ich möchte meinen Text ausdrucken, Balu hat es mir angeboten. Ich freue mich auf das haptische Vergnügen, ihn erstmals in der Hand zu halten, es wird mir ermöglichen, ihn mit neuen Augen zu lesen.

Der Zweite muss ein Ausweichmanöver durchführen. Die MS *Karina* wartet in einer der zahlreichen Weichen der Wasserstraße und lässt dem Entgegenkommenden den Vortritt, einem Container-Riesen mit südkoreanischer Kennung. Die Kollegen grüßen stramm herüber.

Wahrscheinlich verschieben sie nigerianischen Reis in Richtung Norden, um ihn dann via Südamerika wieder nach Afrika zurückzubringen. Ich blicke ehrfurchtsvoll an der Schiffswand hoch. Dagegen macht sich unser Kahn wie ein Fischkutter aus.

Balu hat nicht auf mich vergessen. Er kommt mit dem Lotsen von der Steuerbord-Nock zurück und wirft den Laserdrucker an. Seite um Seite landet vor mir auf dem Tisch. Mit meiner Beute steige ich zu meiner Kammer hinunter und versenke mich in den Text. Eineinhalb Stunden später tauche ich wieder auf. Kaum zu glauben, vor mir liegt ein abendfüllendes Stück. Der Dialog liest sich flüssig. Vielleicht ist er zu lang, dann wird man ihn kürzen müssen (bevor es die Dramaturgen tun). Aber: Ich bin fertig. Ich hätte es nicht zu hoffen gewagt. In meiner gemütlichen Koje überlasse ich mich dem gleichförmigen Vibrieren des Motors und versinke in Schlaf.

Kaum nähern wir uns dem Ende des Kanals, bin ich hellwach: Brunsbüttel ist erreicht. Die MS *Karina* nähert sich zentimeterweise der Pier und legt backbord an. Chefsache. Ivan steht oben auf der Nock, die Lotsen verlassen das Schiff. »Moin, moin!« Es ist vier Uhr morgens. Four hundred würde Lenni sagen. Ich lege mich noch mal flach und erwache erst wieder, als Cuxhaven backbord auftaucht. Ich muss mich beeilen, Frühstück gibt's nur bis achthundertdreißig, da muss man genau sein, danach muss Lenni sich ums Mittagessen kümmern.

Nebel über der Nordsee. Steuerbord rollt Welle um Welle gegen die niedrige Flanke des MS *Karina* und versetzt das Schiff in elegante Bewegung. Für heute habe ich mir vorgenommen, die bisher entstandenen Reisefotos zu sortieren. Eine langweilige Arbeit, sinnvoll eigentlich erst nach Abschluss einer Reise, aber hier auf dem Schiff habe ich eines im Übermaß: Zeit. Das Schiff ist die Konstante, die Zeit bewegt sich außen vor. Länder und Meere ziehen vorbei, von Sonnenaufgang bis Sonnenuntergang. Tag und Nacht. Kauzige, liebenswerte Wesen bewohnen die Welt. Oben auf der Brücke springt Bilbo, der Hobbit aus Mittelerde, seinem Feind vor der Nase herum: Vor, zurück, Ausfall, Drehung, Kick und noch mal und noch mal, während sich Ozzy die Seele aus dem Leib brüllt und der Schiffsmotor seinen ewig gleichförmigen Bass dazubrummt, Lenni unten in der Kombüse auf Pfannen und Töpfen trommelt, die Offiziere in ihren Kammern schnarchen und die Matrosen ihren immerwährenden Streicharbeiten nachkommen. Musik, die ich nicht mehr missen möchte. Eine imaginäre Achse durchmisst den Schiffskörper, um sie herum rotieren die Tage.

Auf der Brücke. Eine Stimme knarzt aus dem Lautsprecher, Radio Cuxhaven bringt die aktuellen Wettermeldungen. »Wie ist Stück? Are you satisfied?«, Bilbo ist wieder mal unter Dampf. Seine Turnübungen nehmen sogar mir, der ich bloß zusehe, den Atem. Er hat vom Zweiten gehört, dass ich meine Arbeit beendet habe, an Bord spricht sich alles schnell herum. Auch Wim hat mich beim Frühstück darauf angesprochen. Anstatt einer Begrüßung hat er einfach nur »Knatte, Fnatte, Tjatte« gesagt. Inzwischen ist es das Code-Wort zwischen uns. Wann immer wir einander begegnen, einer von uns beiden sagt die albernen Entchennamen auf. »Bewegung gesuuund!«, Käpt'n Hobbit erteilt mir die ewige Lebens-regel, dann wendet er sich Wichtigerem zu, dem Feind aus Mittelerde. Schrullen, wohin ich blicke. Nicht zuletzt bei mir selbst, der ich in regelmäßigen Arbeitsschüben weiße Blätter in Angriff nehme, um sie mit abstrakten Zeichen vollzukrakeln.

Ich stehe auf der Nock, genieße eine Brise Nordseeluft und sehe Seeschwalben zu, die unser Schiff als Zwischen-station nützen. Unten verschwindet Radek auf dem Vor-schiff zwischen hohen Containerschluchten in Richtung Back. Das Wetter ist ruhig, ich kann den Ausflug riskieren und ihm nachspionieren. An manchen Stellen des Schiffes ist die Reling extrem niedrig, die Container stehen bei voller Beladung bis an die äußersten Seitenwände des Decks. Man muss auf die Fahrbewegungen achten, um nicht vor der Zeit von Bord zu gehen. Dazu kommt, dass der Boden hier vorne immer feucht ist. Man braucht Gummisohlen. Ganz vorne sind die großen Container hoch übereinander gestapelt, Eisenverstrebungen, die bis zur zweiten Etage reichen, geben den Kisten Halt. Dazwi-schen ist ein schmaler Gang freigehalten.

Die Matrosen sind zur Abwechslung mal wieder mit Streichen beschäftigt. Im Schacht zur Kabelgatt, dem im Bug gelegenen Stauraum für Trossen und Taue, hängt eine mir bekannte Maus und färbelt mit einem langen Pinsel schwer zu erreichende Stellen an. Der Kleine gibt eine perfekte Comic-Figur ab: »Spidermouse«, ein Mittelding aus Micky Mouse und Spiderman. So wie die großen Vor-bilder oftmals an Wolkenkratzerschluchten festgesaugt zu sein scheinen, so klebt auch deren Miniaturausgabe zwischen Kamin und Schiffswand fest. Mitko nutzt die Gunst des Augenblicks und schwatzt mir die Ohren voll über die Schönheit Brügges. Seit Tagen schon versucht er mich zu missionieren. Er selbst war zwar bisher nur einmal dort, aber es hat ihm so ausgezeichnet gefallen, dass, wenn er mir eines raten dürfte … Er rolliert die Farbwalze am Gitter ab und reicht sie dem im Schacht hängenden Stanko. Radek biegt pfeifend um die Ecke, mit dem nächsten Farbtopf in der Hand. Vor lauter Schreck, mich hier anzutreffen, lässt er ihn beinahe fallen. Er lacht übers ganze Gesicht, schließlich sind wir, seit ich ihm die bunte Teetasse aus Stockholm mitgebracht habe, so etwas wie Blutsbrüder.

Morgen werden wir in Antwerpen festmachen, dem größten Stückguthafen der Welt, die alte Dame MS *Karina* muss fein herausgeputzt werden. Der Port of Antwerp gilt als Wallfahrtsort für Schiffsfreaks. Angeblich ist der Wunderhafen unüberschaubar groß, führend in Sachen Logistik und ausgestattet mit der besten Verlademannschaft der Welt. Ich kann es kaum erwarten, ihn mit eigenen Augen zu sehen. Acht Stunden Landgang sind vorgesehen. Brügge ist wohl aus dem Rennen, mit dem Taxi braucht man eine Dreiviertelstunde, bloß um sich durchs Hafengelände zu kämpfen. Auch das macht diese Reise so aufregend: Täglich ist ein neues Ziel am Schirm. Kein Wunder, dass die Tage wie im Flug vergehen. Wir leben gewissermaßen in zweifacher Geschwindigkeit: Wir überholen die Zeit und verdoppeln dennoch die Stunden. Wie das geht? Meine Handy-Uhr zeigt kurz vor drei, vier Stunden *vor* der mitteleuropäischen Zeit. Da auf dem Schiff kein Netzempfang ist, hat es irgendwann die Luft angehalten. Ich bewege mich also in der Zeitzone von Karachi, Pakistan. Tatsächlich aber ist es bereits später. Als Seefahrer überholt man sich selbst – man hat die Gegenwart noch vor sich, lebt dennoch aber schon in der Zukunft. Daraus soll schlau werden, wer will. Ich bin einfach nur glücklich.

Auf der Brücke bietet mir Balu den Chefsessel an. Oh mein Gott, sitze ich tatsächlich auf dem heißen Stuhl? Er erklärt mir die Kennpunkte, die wir gerade passieren. Elf Minuten voraus liegt so ein Punkt. Wir bewegen uns in gerader Linie auf ihn zu. Der Kurs ist vorberechnet. »In elf Minuten fährst du auf zwo-eins-null.«

Ich frage: »Ich?«

»Ja, du. Weshalb sitzt du da, wo du sitzt?«

Ich sage: »Tu mir das nicht an.«

Er: »Ich kann jederzeit korrigieren. Du schaffst das.«

Ab nun verfolge ich den Sekundenzeiger mit anderen Augen. Ich fixiere den Radar und die grünen Dreiecke, die die Schiffe um uns herum markieren. Die Linien bedeuten ihren Kurs. »Rechts vor links …«, brummt Balu, »Wie zu Hause.« Funkspruch. Eine Fistelstimme gibt ihre Position durch. »Das ist der Filipino … Eiert wahrscheinlich zum ersten Mal in der Nordsee herum.« Eine gelangweilte Stimme antwortet. »Der andere ist Russe, den kenne ich«, kichert Balu.

»Woher weißt du, dass er Filipino ist?«

»Die quietschen alle so.«

Die beiden grünen Dreiecke bewegen sich aufeinander zu. Rechts vor links. Sechzig Sekunden noch. Ich starre auf die Uhr und greife zum Drehknopf. Das Blut verlässt meinen Körper. Dreißig Sekunden. Meine Fingerknöchel werden weiß. Ich umfasse den Knopf – zehn, fünf … Ich wage kaum zu atmen. Rechts vor links. Der Filipino vor dem Russen. »Go!«, Balus Stimme klingt bestimmt. Ich drücke den Knopf und bewege ihn auf zwo-eins-null, so lange, bis die Nadel zu zittern aufhört. Ein Ruck geht durch den Schiffsrumpf. Die MS *Karina* reagiert sofort. Wir sind auf Kurs.

»Zwo-null-fünf!«

Ich bin schweißgebadet. Ich gehe auf zwo-null-fünf. »Zwo-null-fünf«, sage ich.

Balu achtet auf jede meiner Bewegungen. »Zwo-null-null!«

Ich korrigiere erneut. Das Schiff befindet sich in meiner Hand.

»Eins-neun-null!«

Wir bewegen uns hart auf Kurs. Inzwischen ist der Filipino am Russen vorbei und gerät in unser Fahrwasser. Der Abstand unserer Schiffe beträgt einige Meilen. Für mich sind es, da ich von all dem nur Punkte auf dem Radar wahrnehme, aufregend kurze Distanzen. Über uns zeigt sich ein grandioser Sternenhimmel. Ich steuere die MS *Karina*.

Knieweich erhebe ich mich. »Sei mir nicht böse. Aber der Filipino … Ich meine –« Wie in Trance tappe ich die Stufen abwärts. Ich zittere am ganzen Körper.

»Danke!«, ruft mir Balu nach.

»Gern geschehen«, sage ich.

»Um eins kommt der Lotse an Bord, um vier ein anderer, da ist Schichtwechsel. Um neun liegen wir seitwärts. Nur damit du Bescheid weißt, Kollege!« Das alles bekomme ich nicht mehr mit. Ich sitze auf meinem Bett, öffne ein Beck's und tauche, sitzend noch, ab in tiefen Schlaf. Ich habe die MS *Karina* gesteuert. Und ich habe die Zeit überholt. Das ist mehr, als ich noch vor drei Wochen zu hoffen wagte. Eines Tages werden sie tatsächlich wahr, die Träume. Man muss es nur zulassen. Eins nach dem anderen. Einen nach dem anderen.

Das entscheidende Bisschen
Antwerpen, 29. März

Wir haben die Schelde erreicht. Rund achtzig Kilometer von der Nordsee landeinwärts liegt Antwerpen. Ich komme gerade zurecht, als der zweite Lotse an Bord kommt. Draußen ist es diesig. Ich bin noch immer viel zu aufgeregt, mein kurzes Kapitänsabenteuer hat mir zugesetzt. Kurz vor acht. Balu sitzt schon in der Messe und teilt mir den Tagesplan mit. Ab vierzehn Uhr werden die zweitausend Tonnen Stahl entladen, die wir in Oxelösund an Bord genommen haben. Außerdem bunkern wir Treibstoff. Vor Abend werden wir nicht ablegen, es bleibt also Zeit für einen Tagesausflug.

Auch der Kapitän geht von Bord. Mit dem Agenten durchqueren wir das Hafengelände und fahren in Richtung Innenstadt. Der Hafen von Antwerpen ist, gemessen am Ladeaufkommen, der zweitgrößte Europas, weltweit die Nummer siebzehn. Wir haben am Dock Wijngaardnatie festgemacht. Über die Noord-Kasteel-Brücke geht es stadteinwärts. Ivan und ich steigen im alten Seemannsviertel aus und gehen durch die Schippersstraat, vorbei an Schaufenstern, in denen halbnackte Damen sitzen und uns zuwinken. »Die Frau eines Kollegen war mal auf Besuch«, erzählt Ivan, »Sie bummelte mit ihrem Mann an den Auslagen vorbei. Einige Zeit später telefonierten die beiden und sie bat ihren Liebsten, ihr ein paar dieser niedlichen Dessous mitzubringen. Sie dachte, Antwerpen wäre Marktführer in Sachen Unterwäsche – in keiner anderen ihr bekannten Stadt präsentieren die Verkäuferinnen ihre Ware so charmant wie hier.«

Auf dem Grote Markt, dem großen Platz vor dem Rathaus, trennen sich unsere Wege. Ivan erzählt mir mit leuchtenden Augen, wo sie hier das beste Bier zapfen. Es ist zehn Uhr vormittags, mir ist eher nach Kultur zumute.

Mein erstes Ziel ist das prächtige Museum Plantin-Moretus. Es ist in der ehemaligen Wohn- und Arbeitsstätte von Christophe Plantin untergebracht, einem Buchdruckermeister, der Mitte des sechzehnten Jahrhunderts von Frankreich nach Antwerpen kam und innerhalb weniger Jahre zu einem der Führenden seiner Zunft in Europa aufstieg, mit Filialen in Frankfurt, Leiden und Paris. Alles, was mit Buchdruck zu tun hat, ist hier zu sehen. Maschinen, Setzkästen, Atlanten, Farbdrucke – dazu sind die Wände mit feinstem Leder tapeziert. Allein der Geruch! Eingeklemmt zwischen Buchdeckeln bewegt man sich durch das mystische Haus. Animationen und Bildmaterial veranschaulichen die Arbeit des Meisters.

Was Steve Jobs für unsere Zeit war, hat Plantin vor vierhundert Jahren geschafft: die Welt in Sachen Kommunikation neu aufzustellen. Gutenberg hat sich um die Hardware gekümmert, er war für die Software zuständig. Vom Vrijdagmarkt aus hat Plantin der Welt ein neues Aussehen verliehen: der erste Atlas, das erste niederländische Wörterbuch, ein Standardwerk, das Rechnen mit Dezimalzahlen erklärte, ein Prachtband mit naturgetreuen botanischen Abbildungen, eine zwölf Meter lange Zeichnung vom Trauerzug Kaiser Karls. Plantins Meisterwerk ist die fünfsprachige Königsbibel *Biblia Polyglotta*. Der Text ist in Latein, Griechisch, Hebräisch, Altsyrisch und Chaldäisch abgefasst. Hätte Plantin seine Welt nicht so unglaublich facettenreich abgebildet, sie wäre eine andere geblieben.

Auch das Rubenshaus ist einen Besuch wert. Peter Paul Rubens' Wirkungsstätte wurde zu einem faszinierenden Museum umgestaltet, vollgestopft mit Kunstwerken des Meisters und seiner Zeitgenossen. Eine der Hauptattraktionen Antwerpens aber ist, man glaubt es kaum, der Bahnhof. Der Prachtbau stammt aus dem Jahre 1895 und erinnert an die Opéra Garnier in Paris. Durch China Town schlendere ich an der Liebfrauenkirche vorbei, dem Dom von Antwerpen, bis hin zum MAS, dem Museum aan de Stroom, einem extravaganten Stadtmuseum, von dessen Dach aus man einen wunderbaren Rundblick über Stadt und Schelde hat. In der Ferne erkenne ich die MS *Karina* – und bekomme prompt Heimweh.

Zurück am Wijngaardnatie ist die Hafenmannschaft gerade dabei, ihren Teil zur jährlichen Umschlagskapazität von zehn Millionen TEU beizutragen – punktgenau landen die Normcontainer auf Deck, sauber gestapelt bis knapp unter die Bullaugen meiner Kammer. Die Verladearbeiten gehen dem Ende zu, da erreicht uns die Nachricht: Lotsenstreik. Wir werden die Nacht über hier verbringen müssen. Auslaufen nach Ansage. Na schön. Ich nehme einen tiefen Schluck auf den Buchdrucker Christophe Plantin, der die Welt mit seinem Können und seinem Wissen in eine andere verwandelt hat. Männern wie ihm ist zu verdanken, dass sich die Welt immer wieder um das entscheidende Bisschen weiterdreht.

Ein Kapitän auf Zeit
Antwerpen – Nordsee, 30. März

Wir liegen auf dem Dockplatz Berth eins-null-neun, die Ladearbeiten sind längst abgeschlossen. Eigentlich sollten wir schon gestern um zweitausendeinhundert ablegen, aber wir sind immer noch hier. Beim Frühstück nimmt mich »Kassandra«, die Schutzheilige der Kapuzen, zur Seite und raunt mir den Götterwillen zu: »Still strike of pilots!« Lenni sieht mich an, als würde er im nächsten Moment losheulen. Die Lotsen fordern Lohnerhöhung für ihren zwar wichtigen, aber keineswegs schweißtreibenden Job. Die Kollegen zwischen Brunsbüttel und Kiel machen angeblich gutes Geld und das spricht sich herum. Die Schelde aber ist ungleich komfortabler, breiter, trotzdem wollen sich die hiesigen Lotsen ihren deutschen Freunden anpassen. Ob berechtigt oder nicht, die MS *Karina* liegt immer noch an der Kaimauer vertäut, und das kommt dem Eigner nicht gerade günstig. Ein Schiff, das im Hafen liegt, obwohl es eigentlich unterwegs sein sollte, kostet. Ich höre, dass der Agent rund um die Uhr verhandelt, bislang ohne Ergebnis. Stunden vergehen, zu Mittag liegen wir immer noch am Kai. Fallen in so einem Fall zusätzliche Hafengebühren an? Wenn ja, wer bezahlt die? Die Abfahrt wird laufend nach hinten korrigiert.

Um Punkt vierzehnhundertsieben ist es so weit. Die Leinen werden losgemacht und die MS *Karina* schiebt

sich träge durch den Port of Antwerp, vorbei an Schütt-
häfen, wo Sand, Schotter und Kies verladen werden, vorbei an Ölraffinerien und Container-Terminals, vorbei an
Stückgut-Piers, an denen Autos, Granitblöcke oder Stahlplatten gelöscht werden. Träge schleppen wir uns von
Schleuse zu Schleuse. Pötte aus Singapur und Hongkong
liegen hier vor Anker, überdimensionierte Container-Riesen. Ich zähle die Beladung eines dieser Monster, bei über
fünfhundert TEU gebe ich auf. Die Menge entspricht etwa
dreihundertachtzig LKW-Zügen. Und das sind nicht mal
die größten Schiffe. Die Dinger schrauben ihre Kapazität
explosionsartig nach oben. In den riesigen Werften Koreas
bauen sie bereits an über sechshundert Meter langen
Giganten. Allein die Treibstoffmenge, die diese Kähne um
die Welt bewegt, ist unvorstellbar. In der Hafenanlage von
Antwerpen sind zwei Philosophien vertreten: Windräder
als Botschafter alternativer Energie stehen neben den
Kühltürmen des Atomkraftwerks Doel.

An Bord hat sich die Aufregung um die verschobene
Abfahrt gelegt. Neue, aktuelle Hochrechnungen der
nächsten Ankunfts- und Liegezeiten werden erstellt, die
Offiziere haben alle Hände voll zu tun, den geänderten
Zeitplan mit Agenten und Häfen abzustimmen. Mails
»fliegen« zwischen Hull, Brunsbüttel, Södertälje und der
MS *Karina* hin und her.

Der Kapitän indes sitzt seelenruhig auf der Brücke,
lauscht Dave Brubecks smoothigen Klängen (wie er mir
versichert, ist das seine »Antwerpen-Musik«) und ist voll-
auf damit beschäftigt, das Schiff durch den dichten Ver-
kehr zu manövrieren. Bis vor einer Stunde stand hier alles

still, jetzt ist Rushhour angesagt. Die Regeln sind simpel, es herrscht das Prinzip des Stärkeren. Vorfahrt hat der, der mehr Bruttoregistertonnen vor der Schraube hat. Offenbar haben sich die Kleinen an diese Abmachung gewöhnt, in Schleusennähe versuchen sie erst gar nicht zu drängeln. Brav machen sie dem Nächstgrößeren Platz und reihen sich hinten ein, wie Entenküken, die die Nähe des mütterlichen Bürzels suchen.

Die meisten Lastkähne gehören Familienverbänden. »Fam. van Ham« ist auf einem zu lesen: Vati sitzt auf der Brücke, Muttern daneben, Sohnemann steht am Bug, die Festmacherleine in der Hand, während das Töchterchen Hausaufgaben paukt. In den Fenstern verdursten Geranien, davor lehnen Fahrräder, oben auf dem Dach parkt die Familienlimousine. Beladen sind die langgestreckten Kähne entweder mit Schüttgut oder Flüssigem, einer von ihnen ist eine schwimmende Tankstelle.

Wir stehen in der Hafeneinfahrtsschleuse und warten, kein Mensch weiß worauf. Der Zeitplan verschiebt sich erneut. Zweieinhalb Stunden später öffnet sich das eiserne Tor und die alte Dame macht sich auf ihren Weg durch die Schelde. Im Schritttempo schwimmen die Entchen, eines nach dem anderen in Richtung Nordsee, endlose dreiundvierzig Seemeilen lang. Inzwischen ist auch der Lotse wieder mit von der Partie. Bilde ich es mir ein oder trägt er eine freundliche Miene zur Schau? Die Lohnverhandlungen scheinen nicht zu seinem Nachteil ausgegangen zu sein.

Kurz vor der Stadt Vlissingen ist Schichtwechsel, ein Lotsenboot legt an. Dienstablöse nach zweieinhalb super anstrengenden Stunden. Der Neue steigt am Fallreep die Wand hoch und schwingt sich an Deck. Ich beobachte ihn von der Brücke aus. Er winkt mir zu, offensichtlich hält er mich für den Häuptling. An meine Strickmütze tippend, grüße ich zurück. Kapitäne sind sich ihrer Bedeutung bewusst. Auch wenn sie zeitweise das Kommando abgeben, auf ihre Würde (und der nur flüchtige Gruß von der Brücke herunter zeugt davon) verzichten sie keineswegs. Unmittelbar darauf heißt es Farbe bekennen. Der Lotse erreicht die Nock und der Zweite stellt mich als Passagier vor, was einer monströsen Degradierung innerhalb weniger Minuten gleichkommt. Für die Zeitspanne aber, die es braucht, um vom Fallreep zum Poopdeck und von dort weiter auf die Brücke zu gelangen, für diese kurze Zeit war ich, Hauptmann von Köpenicks Gnaden, Kommandant dieses Schiffes. Der Freizeit-Seebär hat sich mit einer kleinen, unlauteren Feder geschmückt, um sich seinen nächsten großen Traum zu erfüllen: als Kommandant der MS *Karina* im Containerschiffsdienst der Schweden-England-Belgien-Holland-Linie – »Moin Moin« zu wünschen.

Petersilie, Salbei, Rosmarin und Thymian
Hull – Scarborough, 31. März

Gutes Wetter in der Nacht, noch besseres am Morgen: Die Überfahrt verläuft ruhig, die Nordsee zeigt sich von ihrer besten Seite. In der Nacht haben wir eine blinde Passagierin mit an Bord genommen. Ein schmuckes weißes Täubchen macht es sich oben auf der Brücke bequem, genau gesagt auf der Steuerbord-Nock. Der wacheschiebende Balu hat es mit reichlich Futter und Süßwasser versorgt. Offensichtlich ruht sich die junge Dame von einer langen Reise aus. Oder es handelt sich um ein Brieftäublein, nur dass es keine Posttasche mit sich trägt. Das Kleine plustert sich auf und gurrt, was das Zeug hält. Nur wenn sich feindliche Schritte nähern, zieht es sich vorsichtshalber ins hinterste Eck zurück. Wir Seefritzen schreien manchmal mächtig gegen den Wind an, ab jetzt werden wir Rücksicht nehmen müssen. Das weiße Vögelchen möge uns Glück bringen – und weiterhin gutes Wetter. Wir, die Besatzung der MS *Karina*, schenken ihm Gastrecht auf Zeit. Bald schon wird es sich, frisch gestärkt, wieder in die Lüfte erheben, um seine Mission (wenn es denn eine hat) zu erfüllen.

Im Hafen von Hull empfängt uns englisches Wetter: Niesel, wohin das Auge blickt. Das Frühstück erreiche ich wieder mal nicht pünktlich. Ich erscheine um jene Stunde zu früh, die wir Festlandeuropäer den Greenwichern voraus sind. Auf Deck schlägt mitteleuropäische Zeit, vor den

Bullaugen, an Land, schaut's anders aus: Für uns gilt die Zeitrechnung des Hoheitsgebietes und die ist nun mal englisch. Lenni ist Kummer gewohnt, er nimmt es mit Humor.

Ich packe den Tagesrucksack, gehe von Bord, durchquere das Hafengelände, das ich längst wie die Innentasche meiner Safety-Vest kenne, passiere das Security-Door, das nur mittels Security-Code zu öffnen ist, und bewege mich auf den Security-Check zu. Ein kurzer Gruß für meine Kollegen vom Security-Team. Hier kennt man mich bereits. Lachend winken sie zurück.

Mit dem »Seventy-five« fahre ich doppelgedeckt zum Bahnhof und studiere die Fahrpläne nach Scarborough, dem angesagtesten Badeort Yorkshires – genau dort will ich heute hin. Auf schmaler Spur verlasse ich die Kulturhauptstadt und stelle mit Schrecken fest, dass meine einzige Möglichkeit zurückzufahren der Zug um zwölf nach fünf ist, mit Ankunft um achtzehn Uhr dreißig, eine halbe Stunde *nach* geplanter Abfahrt des Schiffes. Oh mein Buddha! Mir wird heiß und kalt. Ich öffne das Fenster, genieße den Fahrtwind und überlasse mich für den Rest des Tages meinem Schicksal, ich kann es ohnehin nicht ändern.

Die Landschaft zeigt sich von ihrer feinsten Seite. Links und rechts der Strecke hat auf Wiesen und Feldern die komplette Menagerie Aufstellung genommen. Wie beim Einschiffen in Noahs Arche stehen sie in Zweierreihen angestellt, der Altmeister nimmt sie, man weiß es, nur paarweise mit: Hasen, Rebhühner, Ponys, Pferde, Schafe, Rehe, Enten und Gänse. Herrenhäuser, Landgüter, kleine Ortschaften, wohin man blickt: England at its best!

Scarborough ist der erwartete Knüller. Ein in die Jahre gekommener, ehemals schicker Badeort, mit genau jenem morbiden Goldketterl-Charme, den man so liebt. Am Fuße des Scarborough Castle liegt eine pittoreske Uferpromenade: Spielcasinos, deren abgeblätterte Holzfassaden sich ächzend gegen den Wind stemmen, ein morbides Grandhotel und öde Fish-&-Chips-Buden.

Ich sitze in einem kleinen Restaurant in der Fischauktionshalle und bin wild entschlossen, dem englischen Nationalgericht eine letzte Chance zu geben. Wen wundert's, der Backfisch mit den unentbehrlichen Fritten schmeckt hier bestens: Heiß, knusprig und vor allem fangfrisch – der Fisch ist gewiss noch vor einer Stunde im Wasser geschwommen.

Ich spaziere über den breiten Sandstrand und genieße den Frühsommertag. Eine Mission allerdings habe ich noch vor mir: den Besuch des Stephen Joseph Theatre. Hier, in diesem Haus, hat der von mir verehrte englische Dramatiker Alan Ayckbourn seine künstlerische Heimat. Der Großmeister (mein heimliches Vorbild) ist Sohn der Stadt, und in diesem herrlichen Art-Déco-Theater wurden die meisten seiner Stücke uraufgeführt. Ich selbst durfte einmal eines seiner besten inszenieren: *Noises off*. In der desillusionierenden deutschen Übersetzung heißt es *Der nackte Wahnsinn*. Das irrwitzige Stück war zu Beginn meines zweiten Direktionsjahres im Volkstheater angesetzt, ein rasanter »Tür-auf-Tür-zu«-Slapstick.

Worum es geht? Eine ziemlich verlotterte Tournee-Truppe probt ein lausiges Boulevardstück. Akt eins zeigt es einen Tag vor der Premiere, die Generalprobe wird zum Desaster. Akt zwei bringt dasselbe noch mal, nur aus anderer Perspektive. Diesmal ist man hinter der Bühne zu Gast: der alltägliche Wahnsinn einer aus dem Ruder laufenden Repertoirevorstellung. Pause. Im dritten Akt erlebt man die Dernière. Wieder ist man Zeuge des bereits bekannten »Textes«, diesmal allerdings nach Auflösung aller theatralischen Gesetze. Jetzt herrscht Anarchie an Bord. Das Ensemble ist längst verfeindet und trägt die Gehässigkeiten auf offener Bühne aus. Die »Pointen« funktionieren nicht, der Text ist bis zur Unkenntlichkeit verstümmelt – der Wahnsinn ist »nackt« und das Publikum jubelt …

Theater auf dem Theater hat immer einen besonderen Reiz. Allerdings: Hat der durchschnittlich begabte Schauspieler in der Regel schon damit zu kämpfen, »gut« zu sein, »schlecht« zu spielen fällt in der Regel noch viel schwerer. Es braucht schon sehr überzeugende Darsteller, um das hinzubekommen. Rasch kann aus Dichtung Wahrheit werden. Haben die Spieler aber den Dreh heraus und zeigen die Farce hinter der Farce, nähern sie sich der Meisterschaft. Alan Ayckburn kennt die Bühnenwelt. Ich habe *Noises off* mehrfach gesehen, und jedes Mal waren die Schauspieler überfordert. Einzig die Uraufführung im Londoner Savoy kam in die Nähe von Ayckbourns Anspruch. Im Volkstheater war eine starke Komödianten-Riege an der Arbeit. Ich denke, sie hätte dem Autor gefallen. Es war die gefordert schlecht gespielte, gute Vorstellung. Die Zuschauer haben es geliebt, der Direktor auch: Wir waren täglich ausverkauft. Tausend Besucher im Haus ist eine historische Zahl, schon deshalb, weil der Zuschauerraum des Volkstheaters bei Antritt der nachfolgenden Direktion dramatisch verkleinert wurde. Durch die Verringerung der Sitzplätze erhoffte man sich eine Steigerung der Auslastung. Ein fataler Kunstgriff, er ist mitnichten aufgegangen. Im Gegenteil, die Zahlen sind in den Keller gerutscht.

Es ist kurz vor fünf und ich besteige den Zug, der mich zurück nach Hull bringt. Der Zug ist pünktlich, ich bin es nicht. Per Bus und mit weichen Knien kehre ich zum King George Dock zurück, dort wo die MS *Karina* liegt – oder lag? Ich habe Glück, sie wird immer noch mit Containern bestapelt. Trotz redlichen Bemühens ist es mir nicht gelungen, die Abfahrt zu versäumen. In der Messe stecken Balu und Lenni die Köpfe zusammen und besprechen die Lage (»Es war mal 'ne Passagierin, die von einem Ausflug zu spät kam …«). Ich geselle mich zu ihnen und versuche gute Miene zum guten Spiel zu machen: Ich bin zwar exakt eineinhalb Stunden über der Zeit. Aber auch die MS *Karina* hat Verspätung gebunkert. Grund: Lohnverhandlungen mit der Union haben die Arbeit zeitweise lahmgelegt. Manchmal haben Gewerkschaften auch ihre guten Seiten.

Abends kommt ein Anruf aus der Heimat: Heute ist ein besonderer Tag! Drei Jahre ist es her, da ein Augenblick zwei Leben veränderte. Zur fernmündlichen Feier hebe ich ein stramm gekühltes Beck's und spüle mit dem nächsten nach. Bei den beiden bleibt es bei Weitem nicht, ich muss schließlich meinen Vorrat aufbrauchen …

Um Punkt zweitausendzweihundert verlassen wir Hull – City of Culture, die Stadt, die sich vorgenommen hat, auf Kultur zu machen, nur dass es ihr nicht gelingt. Bloß in einem einzigen Punkt erfüllt sich ihr Vorhaben: In Hull fahren die freundlichsten Busfahrer der Welt im Kreis herum. Jeder ein- und aussteigende Passagier wird vom Chauffeur begrüßt und verabschiedet, aber nicht nur das, zum Abschied bekommt man sogar noch ein »Danke, dass Sie mit uns gefahren sind« mit auf den Weg. Wenn das nicht »Kultur« ist … Darauf ploppe ich noch ein weiteres Beck's auf. Als Mann der Kultur darf ich das.

Die schwer beladene MS *Karina* tastet sich vorsichtig durch das Hafenbecken in Richtung Nordsee. In der Ferne blinken die Lichter der mächtigen Humber Bridge. Aber die interessiert uns nicht wirklich, wir drehen nach steuerbord ab und zirkeln in Richtung Fahrrinne, in der Mitte des Stromes. Bilbo hockt auf seinem Sprießel wie ein Hobbit, der gerade im Begriff ist, ein Ei zu legen. Ich serviere ihm den obligaten Drink: China-Block. »Tee gesuuund …«, grunzt er. Der Käpt'n löscht die Lichter der Brücke, am Kartentisch frisst sich der Erste durch einen Berg von Ladepapieren, Dave Brubeck smootht und ich, ich bin begeistert wie am ersten Tag und bewundere das kleine Einmaleins des Ablegens und den Beginn der vor uns liegenden Nachtfahrt.

»You go to Amsterdam, Michael?«

»How long do we have time?«

»About five hours. A very special knife-shop is over there, I can show you …« Mein Bedarf an Messern ist nicht existent, ich werde an Bord bleiben – auch weil ich mir den Abfahrtsstress so kurz vor Ende meiner Reise nicht noch einmal antun will.

Ben Kingsley, Charles Laughton, Alan Ayckbourn, sie alle sind in Scarbourough, der skurrilen Stadt an der Nordseeküste, geboren und haben bestimmt diesen gewissen Kräutergeruch wahrgenommen, genau wie auch ich. Auf Kammer lösche ich das Licht und döse friedlich ein – auf der Zunge den gewissen Geschmack und den schönen, ewigen Text im Ohr. Die alten Recken Paul Simon und Art Garfunkel flüstern ihn mir zu: »The taste of parsley, sage, rosemary and thyme …«

Die letzte Nacht
Nordsee – Velsen, 1. April

Als ich erwache, scheint die Sonne, wenige Augenblicke später – Nebel. Nordsee. Beim Frühstück bin ich der Letzte, ich stecke noch tief in der Greenwich-Time, mein Kaffee wartet mal wieder auf mich. Lenni lächelt milde, er ist überforderte Passagiere gewohnt.

Dann ziehe ich mich zurück, lehne die Türe meiner Kammer nur leicht an, so nehme ich am Bordleben teil. Radek und Mitko sind am Schrubben des Stiegenhauses. Bilbo erscheint auf der Spielfläche. »Good morning, Michael! How are you today? You want a cup of tea?« Das morgendliche Ritual.

Ich sage: »It's my last day today!«

Bilbo weicht einem Wasserkübel aus, stolpert, landet im nächsten und erklimmt wütend die Brücke. Meine Antwort hat er nicht mehr gehört. Ich folge ihm nach oben. »I said, it's my last day today!«

»Who knows …«, brummelt er, schnappt sich das Plastikmesser und lässt die schlechte Laune an seinem immerwährenden Feind aus.

Auf dem Vordeck hat sich unsere blinde Touristin ihren neuen Stammplatz auf einem der Container auserkoren. Sie plustert ihre Federn, fahndet nach ein paar vorwitzigen Milben und tut ein paar Flatterübungen, ganz so, als wollte sie sagen: »Alles okay, ich bringe mich nur schnell mal in Form.«

184

Unten, auf dem Poopdeck, entsorge ich die Flaschen vom gestrigen Abend. Am Retourweg kommt mir eine kleine Rechenaufgabe in den Sinn: Ich beginne die Stufen zu zählen. Schließlich bin ich seit drei Wochen damit beschäftigt, von oben nach unten und wieder retour zu klettern, es bleibt mir auch gar nichts anderes übrig, das Schiff hat keinen Lift. Von Deck zu Deck sind es zwölf Stufen, nicht viel, aber bei fünf Stockwerken macht das sechzig Stufen. Immer noch nicht viel, aber da man dieselbe Strecke auch wieder zurück muss, macht das schon stramme einhundertzwanzig Stufen. Pro Tag bewältige ich die Strecke mindestens zehn Mal: eintausendzweihundert Stufen. Dreiundzwanzig Tage bin ich bereits am Schiff: macht siebenundzwanzigtausendsechshundert. Und das ist noch schlecht geschätzt, es wird wohl deutlich öfter gewesen sein, dass ich die Steigleiter rauf und runter geklettert bin. Frachtschifffahrer sollten gut zu Fuß sein.

Möwen umkreisen das Schiff, ein untrügliches Zeichen, dass wir uns landwärts bewegen. Der unerlässliche Lotse turnt sich an Bord, die holländische Küste kommt in Sicht und somit der Hafen von Velsen. Wir passieren die Schleuse und dümpeln ins Becken. Am Kai warten bereits jede Menge Container auf uns. Wir liefern Leergut, im Gegenzug übernehmen wir prall gefüllte Kisten, bestimmt für Södertälje, Västerås und Oxelösund. Mein letzter Abend steht bevor, meine letzte Nacht. Balu ist auf der Brücke, er erledigt Papierkram. Der örtliche Behördencheck ist angesagt: Besatzung, Beladung, Bescheide. Die Hafen-Cops wollen alles wissen. Während die Ladearbeiten in vollem Gange sind, nütze ich die Zeit für einen kleinen Landausflug. Nach Amsterdam zu fahren wäre zu riskant, keiner weiß, wie lange das Löschen und Laden in Anspruch nehmen. Wim meint, in Velsen wären gute Kranfahrer zu Hause, die Arbeit wird zügig vorangehen.

Das Kaff strahlt Kleinstadttristesse aus: Supermarkt, Altenheim, Frisör, Nagelstudio und jede Menge Backstein. In England und Holland kann man bestens Wohnanalysen anstellen, wovon ich jedes Mal freudig Gebrauch mache – es fehlen Vorhänge an den Fenstern. Nach dem Spaziergang hänge ich mich noch ein bisschen ins Internet, so wie die übrige Mannschaft auch. Den guten (und erlaubten) Empfang am Festland muss man nutzen. Nachrichten orgeln herein: Meine Liebste spaziert bei Frühlingswetter über die Perchtoldsdorfer Heide. In Velsen ist das Wetter weniger herrlich: kühl und bedeckt. Egal, ich werde bald wieder im Süden sein. Ich surfe weiter: Im Theater spielen sie *Mädl aus der Vorstadt*. Mein Gott, wie lange ist das her! Zwei Reisen und vier vollgeschriebene Tagebücher liegen dazwischen, dazu noch mein erstes Theaterstück. In der Zeit, in der ich meinen Beruf endgültig hinter mir gelassen habe, war ich so fleißig wie schon lange nicht. An das *Mädl* habe ich keine guten Erinnerungen. Das von Natur aus voluminöse Organ des Herrn Direktor wurde gegen Ende der Probenzeit immer lauter, im Gegensatz zu mir, der ich mehr und mehr die Worte verlor, bis ich gänzlich verstummte. So kam es, dass ich meinen Beruf wortlos verließ. Vielleicht habe ich früher den Mund zu voll genommen, den Schritt ins Leben hinaus aber tat ich stumm. Ich hatte buchstäblich keine Worte mehr zur Verfügung. Auf dieser Reise bin ich dabei, sie wiederzufinden. Die, die mir wichtig sind, schreibe ich auf – als wollte ich peu à peu mein Leben neu beginnen.

Auf der Brücke frage ich Balu noch ein bisschen über das Schiff aus. In Antwerpen hatten wir Treibstoff gebunkert. Zweihundert Tonnen Diesel entsprechen zweihundertvierundzwanzigtausend Litern. Die alte Dame verfügt über dreitausendsechshundert PS und verbraucht achteinhalb Tonnen Treibstoff pro Tag. Die MS *Karina* ist keiner der großen Pötte. Dennoch verfügt sie über enorme Kraft und Ausdauer. Später trinke ich zur Feier des Abends einen Seemannsschluck (Whisky) und beende das vorletzte Kapitel dieses Buches. Dann gehe ich hinauf auf die Brücke (vierundzwanzig Stufen werden meinem Konto gutgeschrieben) und sehe dem Ablegen zu. Mein Abschied steht unmittelbar bevor. Ich bin nervös und will nichts Wichtiges versäumen. Eine ganze Nacht und ein halber Tag bleiben mir noch, aber das ist auf See eine ganze Menge.

Die Menschen, die wir lieben
Nordsee – Brunsbüttel, 2. April

Ich erwache. Vor den Bullaugen ist es nachtschwarz. Ich dusche und gehe auf die Brücke. Der Zweite schiebt Wache, er ist froh, mich zu sehen. Abwechslung. Während ich auf dem Kapitänsstuhl Platz nehme, brüht er frischen Kaffee auf. Vor mir liegt die grenzenlose Weite der Nordsee. Ich will den Morgen hier oben verbringen. Der Kaffee ist herrlich stark. Wir plaudern über Freiheit, über Schiffe, über fremde Länder und was es Seeleuten bedeutet, nach langer Zeit wieder in die Heimat zurückzukehren. Es braucht Partner, die den Wahnsinn mitmachen. Balu breitet die Arme aus wie ein Kormoran: »In drei Wochen bin ich zu Hause!«

Ich frage: »Und dann?«

»Dann freue ich mich darauf, zurück an Bord zu gehen.«

Ich verstehe. Auch ich freue mich auf zu Hause. Bei mir dauert es nur mehr drei Tage.

Unser Kurs ist konstant sieben-zwo-null Ost, wir bewegen uns auf den Morgen zu. Der Himmel beginnt sich zu verfärben. Dunkelblau wird zu Hellblau, Rot zu Orange. Der letzte Morgen ist angebrochen. Der letzte Tag.

»Schön!«, sagt Balu. Wir fahren auf schnurgerader »Straße« parallel zur niederländischen Küste. Zu beiden Seiten sind in regelmäßigen Abständen Leuchttonnen im Meeresboden verankert. Steuerbord blinkt es grün, backbord rot. Wir bewegen uns auf das deutsche Herrschaftsgebiet zu. Ab der Kieler Förde, wenn die MS *Karina* die Heimat wieder verlässt, sind die Leuchttonnen verkehrt herum angebracht, ablandig. Dann leuchtet Rot auf Steuerbord und Grün auf Backbord.

Die gestrige Abfahrt von Velsen war spektakulär: Tausende Lichter und Positionslampen. Irgendwo stand in riesiger Leuchtschrift »SHIP«, wohl um die Seefahrer daran zu erinnern, wo sie sich gerade befinden. Ich stand ganz vorne am Bug, dort, wo Mitko und Radek Dienst schoben. Für die beiden Matrosen bedeutete das Ablegen Routine, mir klopfte das Herz immer noch bis zum Hals. Während Radek die riesigen Taue um die Winden legte, um das Schiff festzumachen, berichtete er von seiner Frau, die in Bern lebt und eine Reiseagentur für Schifffahrt betreibt. Vor Jahren hat sie die Ukraine verlassen und sich eine neue Existenz aufgebaut. Ihr Mann fährt immer noch auf den Meeren dieser Welt herum. Die Ehe konnte nicht halten, die Entfernung zwischen ihnen wurde immer größer.

»What do you think about the content of these containers?«, Radek sieht mich verschmitzt an. »You smell it? Garbage. Müll. Müll for Västerås!« Tatsächlich, jetzt rieche ich es auch. Industriedreck. Genauer will ich es gar nicht wissen. Wir transportieren Scheiße nach Schweden, wo sie um teures Geld eingebuddelt wird. Auch nicht viel verrückter als Cola-Extrakt.

»Um sechszehndreißig sind wir in Brunsbüttel. Die Taxe ist bestellt. Was darf's denn sein? Beck's, Holsten, Astra? Wir müssen nach Schweden rauf, ein paar Kisten abliefern. Und da braucht's doch was zum Nachspülen«, sagt Balu plötzlich und holt mich in die Jetzt-Zeit zurück. Entgeistert starre ich ihn an. Er schüttelt sich vor Lachen, sein Bauch hüpft vor Freude auf und ab.

Die Sonne steht gleißend hell vor uns. Etwas mehr als acht Stunden noch. Ich stehe am Vorschiff und genieße Sonne und Fahrtwind. Ich lehne mich weit über die Bordkante hinaus, über die Wasseroberfläche und betrachte die Gischt, die von der Bugwelle hochschäumt wie ein schroffes Gebirge, bedeckt von unendlich vielen kleinen Schneeflocken – um sich im nächsten Moment in Nichts aufzulösen. Dabei höre ich Seemannslieder von Lolita bis Lale Andersen, Lieder, die mich schon auf meiner Burma-Reise und später dann zu Hause auf diese Fahrt eingestimmt haben. Die See ist spiegelglatt. Ich wende mich um und muss heulen: Das Schiff ist traumhaft schön. Hoch über mir: Möwen und Seeschwalben. Weit unter mir das vertraute Brummen des Motors.

Die Zeit, die ich hier verbringen durfte, empfinde ich als ein Geschenk. Sie hat mir geholfen, Geschichten zu sammeln und sie aufzuschreiben. In einer Welt, die vom Beschleunigen lebt, ist für mich die Zeit still gestanden. Viele sonst unbeachtete Momente durfte ich erleben. Ich habe in einen Zauberbrunnen geblickt, auf dessen Grund sich das unscheinbarste Erlebnis als Kostbarkeit erwies, deren Funkeln sich vervielfachte. So wurde die Welt rund um mich zur Bühne, die nur der betreten darf, der zu sehen gelernt hat. Träume und Schiffe – ich durfte beides erleben.

Bald werde ich auf der Hafenmole in Brunsbüttel stehen, am Beginn des Nord-Ostsee-Kanals. Vom ersten

Moment an hat die MS *Karina* mein Herz erobert. Das Schiff, auf das ich so lange schon gewartet habe, das ich in mir trug, genau wie mein Vater, damals, als er am Strand des Lido von Venedig den Horizont nach ihm absuchte. Für mich ist das alles Wirklichkeit geworden. Ich habe Menschen kennengelernt, die genauso Kinder im Herzen sind, wie ich es bin. Vielleicht muss man es sein, um das alles genießen zu können: das Schiff, das über die Meere fährt und Träume einholt.

Und so kehre ich zurück: Als die Summe der Reise, die ich machte, als die Summe der Bücher, die ich schrieb, und als die Summe der Worte, die ich fand.

Danke, Ivan, Henning, Wim, Lenni, Stanek, Radek, Mitko und dem immer so finster dreinblickenden Ingenieur, dass ich für kurze Zeit einer von euch sein durfte.

Danke, Vater, dass du deinen Traum zu träumen begonnen hast.

Und danke an dich – dass ich an mein Plätzchen in deinen Armen zurückkehren darf. Denn was wäre ein echter Seemann ohne seine echte Seemannsbraut?

Schottis Tipps für das Leben an Bord
15 goldene Verhaltensregeln

Gangway

Passen Sie beim Betreten des Schiffes gut auf: Die Handläufe der Gangway bestehen oft aus nichts anderem als
losem Tauwerk oder durchhängenden Stahlseilen. Nehmen Sie also getrost Hilfe in Anspruch, wenn Sie Ihr
Gepäck aufs Schiff hieven, sonst kann es passieren, dass
Sie früher von Bord gehen, als Ihnen lieb ist.

Mitunter kommt es vor, dass die Gangway aus Sicherheitsgründen eingezogen ist – warten Sie dann geduldig
ab, anstatt sich im Weitsprung zu üben.

Ankunft an Bord

In der Regel ist die Liegezeit in einem Hafen die hek-
tischste Zeit an Bord: Die Crew muss gleichzeitig den
Lade- und Löschbetrieb managen, Proviant aufnehmen,
kleinere Reparaturen durchführen …

Trotzdem ist jemand von der Mannschaft dafür abgestellt, Sie in Empfang zu nehmen und Ihr Gepäck auf Ihre
Kabine zu bringen. Ziehen Sie sich etwas aus dem Ver-
kehr und beobachten Sie aus einer gesicherten Position
das aufgeregte Treiben. Unmittelbar nachdem das Schiff
den Hafen verlässt, beginnt der Bordalltag. Sie werden
von einem der Offiziere begrüßt und dem Kapitän vorgestellt. Meist schließt sich auch eine erste Bordbesichti-
gung an.

Installieren Sie sich in Ihrer Kabine und genießen Sie die Seeluft. Ihr Abenteuer beginnt.

Bordsprache

Die Seefahrt ist international. Die Verständigung mit der Besatzung findet fast immer auf Englisch statt, wie auch die Sicherheitsinformationen oft nur in dieser Sprache vorhanden sind.

Reisepapiere

Ein gültiger Reisepass (bis mindestens sechs Monate nach Ende der Reise) ist für alle Frachtschiffreisen, auch innerhalb der EU, erforderlich. Aufgrund der erhöhten internationalen Sicherheitsvorschriften könnte es sein, dass Sie von einer Hafenbehörde kontrolliert werden.

Sollte Ihre Schiffspassage eine One-Way-Reise sein, Sie also unterwegs das Schiff verlassen und auf ein anderes Fortbewegungsmittel umsteigen, verlangen manche außereuropäischen Länder bei der Einreise ein Rückreiseticket in die Heimat.

Ihr Reisepass verbleibt für die Dauer der Reise beim Kapitän oder zuständigen Offizier, er benötigt ihn bei Ankunft oder Auslaufen aus den Häfen für die Behörden. Frachtschiffpassagiere werden in der Regel auf der Mannschaftsliste geführt.

Kabine

In Ihrem kleinen Reich, das unter Umständen gar nicht so klein ist, ist für Bettzeug, Handtücher und Reinigungsmittel gesorgt. Der Passagier ist selbst für seine Kabine verantwortlich. Auch wenn auf großen Schiffen ein zusätzlicher Steward an Bord ist, ist dieser nicht Ihr Zimmermädchen, da er andere Aufgabenbereiche hat. Gäbe es zusätzliches Personal für den Komfort der Passagiere, wären Frachtschiffreisen zu akzeptablen Preisen unmöglich.

Räumen Sie Ihre Kabine rechtzeitig vor Abreise, damit diese für den nächsten Gast vorbereitet werden kann – oft steht der Nachfolger schon mit erwartungsvollen Augen an der Pier, wenn Sie aussteigen.

Da auf der Reise, speziell während der Liegezeiten im Hafen, beständig Motoren zur Stromerzeugung laufen, sollte man sich bei Geräuschempfindlichkeit mit Gehörschutzmitteln eindecken. Vielen Neuankömmlingen allerdings ist das beständige Brummen der Motoren eine Nervenberuhigung, die später, zurück an Land, vermisst wird.

Auf See signalisiert eine geschlossene Kabinentüre: »Ich möchte mit niemandem sprechen.« Die offene Türe aber verrät: »Ich bin für ein Schwätzchen zu haben.« Sollten Sie einen ganzen Tag lang niemanden sehen wollen, sagen Sie es der Besatzung – sonst könnte diese sich in Anbetracht Ihrer dauerhaft geschlossenen Kabinentür Sorgen machen.

Essen an Bord

Mahlzeiten sind heilig, sie stellen das Zentrum des sozialen Lebens an Bord dar. Den Weg in die Offiziersmesse sollten Sie sich daher sofort nach Eintreffen an Bord einprägen – es kann Sie vor dem Hungertod retten.

Die Essenszeiten sind in der Regel wie folgt:

Frühstück	7.30–8.30 Uhr
Mittagessen	11.30–12.30 Uhr
Abendessen	17.30–18.30 Uhr

Speziell auf kleineren Schiffen ist die Messe vor allem praktisch, das heißt einfach eingerichtet (Plastiktischtücher, Marmeladengläser als Zuckerbehälter etc.). Ein gewisses Maß an Pfadfindermentalität sollte man mitbringen.

Die Bordverpflegung ist für alle gleich: Kapitän, Offiziere, Mannschaft, alle futtern dasselbe. Wein ist auf Schiffen deutscher Reedereien unüblich, Kaffee und Tee gibt es. Der Koch muss nach einem bestimmten Speiseplan kochen, damit er mit den vorhandenen Lebensmitteln bis zur nächsten Proviantaufnahme (»Verproviantierung«) auskommt. Morgens und abends gibt es neben Brot, Butter, Marmelade und dem obligaten »Aufschnitt« fast immer auch ein Ei-Angebot.

An Bord gibt es für die Mahlzeiten, im wohltuenden Unterschied zu Kreuzfahrtreisen, keine Kleidungsvorschrift. Halbbekleidet oder unbekleidet sollte man jedoch nicht zum Essen erscheinen.

Sollten Sie an einer Mahlzeit nicht teilnehmen, weil Sie auf Landgang (oder gerade unpässlich) sind, geben Sie dem Koch rechtzeitig Bescheid. Sollte Ersteres der Fall sein, steht die versäumte Mahlzeit nach Ihrer Rückkunft für Sie bereit.

Für Ihre ersten Stunden auf dem Schiff empfiehlt es sich, Getränke »von außen« mitzubringen, da die Bordkantine erst nach dem Auslaufen wieder geöffnet wird.

Seegang

Seegang heißt die Bewegung des Schiffes, an die man sich zu gewöhnen hat. Sie ist immer vorhanden. Selbst wenn Flaute (Windstille) herrscht, gibt es keinen Stillstand. Daher müssen offene Türen auf dem Schiff immer eingehakt sein, um ein »Schlagen« zu verhindern.

Wenn Sie sich in Ihren vier Wänden einrichten, ist darauf zu achten, alle Dinge so zu verstauen, dass sie in dem wahrscheinlichen Fall des »Schaukelns« nicht zu Boden fallen. Die Mitnahme eines starken Bindfadens ist zu empfehlen. Sessel lassen sich meist fixieren. Die Vorrichtung dafür ist nicht zu übersehen, Sie werden nicht nur einmal darüber stolpern.

Die Außendecks und Treppen sind generell rutschig. Gummisohlen sind von großem Vorteil. Wenn es stärker schaukelt, geben Sie besonders acht, oder Sie benutzen besser die Innentreppen. Überhaupt: Feste Kleidung ist Pflicht. Auch bei gutem Wetter weht Ihnen beständig der Wind um die Nase – schön, aber kalt!

Vor dem Betreten der Innenbereiche nutzen Sie bitte die ausgelegten Fußmatten.

Apropos: Für eine Frachtschiffreise muss man fit sein. Aufzüge gibt es auf Frachtschiffen selten, sie werden die Zeit an Bord hauptsächlich fürs Treppensteigen benutzen. Stellen Sie sich, auch wenn Sie keine Probleme mit dem Gehen haben, auf eine Zeit ohne Schiffsarzt ein. Ein Mittel gegen Seekrankheit sollten Sie unbedingt dabei haben, auch wenn sie bei den meisten Menschen schnell wieder vergeht.

Freizeit

Auf den meisten Schiffen gibt es in der Offiziersmesse einen Fernseher, ein DVD- und/oder Videogerät (*Titanic* sollte nicht auf Ihrer Playlist stehen). Radio und Fernsehen haben häufig keinen Empfang, selbst in Küstennähe oder im Hafen ist er zum Teil gestört. Meist sind die üblichen Schuko- oder Eurosteckdosen vorhanden, Stromversorgung: 220 V.

Die Schiffsreise eignet sich bestens als »Lese-Reise«, Sie sollten ausreichend Buchnachschub mit an Bord nehmen. Auf eine Bibliothek dürfen Sie nicht hoffen.

Auf großen Schiffen sind gelegentlich Schwimmbad und Fitnessraum vorhanden. Bei stärkerem Seegang ist das Indoor-Becken wenig zu empfehlen. Das Schwimmen außerhalb des Schiffes ist zu jeder Zeit strengstens verboten.

Allen Ernstes: Für Ihre Fitness ist reichlich gesorgt. Das Treppensteigen verlangt Ihrer Kondition einiges ab. Das Schiff gleicht einem hohlen Wolkenkratzer. Richten Sie sich darauf ein. Noch einmal: Sie sollten gut zu Fuß sein.

Die Brücke

Der Besuch der Kommandobrücke ist nicht nur möglich, er ist auch erwünscht. Kapitän und Offiziere erwarten von Ihnen Interesse an ihrer Arbeit und ihrem Schiff. Passagiere, die sich wie Pauschaltouristen betragen, sind an Bord nicht gerne gesehen. Auf langen Seewachen freut sich außerdem jeder Seemann über ein die Langeweile vertreibendes Schwätzchen.

Vergessen Sie aber nicht, dass die Kommandobrücke ein Arbeitsraum ist. Wenn Sie die Brücke betreten (Anklopfen ist unüblich), warten Sie am besten in einer stillen Ecke ab, bis Sie sich an die dort meist herrschende Dunkelheit gewöhnt haben. Gesprochen werden darf nur so laut, dass der lebensnotwendige Funk jederzeit einwandfrei zu verstehen ist.

Auf vielen Schiffen ist der Besuch der Brücke abseits von Fahrten auf dem offenen Meer auch nicht erlaubt. Scheuen Sie sich dennoch nicht, den Kapitän oder die wachhabenden Offiziere danach zu fragen: Freundlichkeit zahlt sich aus. Denn zu sehen gibt es auf der Brücke einiges.

Gefahrenzonen

Ankert das Schiff im Hafen und werden Arbeiten durchgeführt, sollten Sie Decks, Luken oder Laderäume meiden, ebenso das Vor- und Achterdeck beim An- und Ablegen. Dort befinden sich die Festmacherleinen, und diese schweren Leinen sind selbst für Seeleute nicht ungefährlich. Lösch- und Ladearbeiten können Sie von den höhergelegenen Decks des Schiffes sicher und ohne die Crew zu stören beobachten.

Ein besonderes Erlebnis während der Fahrt ist ein Aufenthalt auf dem Vorschiff. Aus Sicherheitsgründen sollten Sie auf der Brücke Bescheid geben, wenn Sie dorthingehen.

Denken Sie immer daran, dass ein Frachtschiff nicht für Passagiere gebaut ist. Im Vorderdeckbereich gibt es immer wieder Stellen, an denen die Reling sehr niedrig liegt, knapp oberhalb der Wasseroberfläche. Bei starkem Seegang ist der Aufenthalt dort lebensgefährlich. Aber auch bei ruhigem Wetter ist höchste Vorsicht geboten. Eine unerwartete Schiffsbewegung kann Sie in höchste Gefahr bringen. Behalten Sie die Handläufe immer im Griff, es könnte Ihr Leben retten!

Landgang

In einem Frachthafen haben Zivilisten nichts zu suchen. Das Sperrgebiet gehört ausschließlich den Hafenarbeitern und Maschinen, die für das Löschen und Beladen der Frachtgüter zuständig sind.

Manche Terminals bieten einen kostenlosen Shuttlebus zwischen Hafentor und Schiff an. Sollte der nicht vorhanden sein, gibt es gut gekennzeichnete Fußwege, »heilige Pfade«, die man keinesfalls verlassen darf. Benutzen Sie ausschließlich diese Wege und achten Sie darauf, ob nicht einer der riesigen Kräne oder ein Belademonster des Weges kommt.

Meist ist für den Frachtschiffpassagier ein Landgang möglich. Zur Dauer des Hafenaufenthalts können nur vage Angaben gemacht werden. Er kann zwischen einigen Stunden und einigen Tagen, je nach Ladeaufkommen, dauern. Alles richtet sich nach der Ankunftszeit, der Menge der zu bearbeitenden Ladung, den Besonderheiten des Ladeplatzes und den zur Verfügung stehenden Kränen und Arbeitskräften. Der Kapitän kann deswegen erst bei der Ankunft ungefähre Zeiten nennen.

Die Liegeplätze der Schiffe sind nicht selten weit vom jeweiligen Stadtzentrum entfernt, wobei man zum Teil schon vom Schiff aus ein Taxi buchen kann. Ihre Crew gibt Ihnen Tipps zum kürzesten und schnellsten Weg in die Stadt.

Das Schiff kann nicht auf einzelne Personen warten – seien Sie daher unbedingt pünktlich zur Weiterfahrt zurück. Notieren Sie die Bezeichnung des Liegeplatzes (eventuell in der Landessprache) und speichern Sie die Handy-Nummer der Offiziere in Ihr Mobiltelefon ein. Hinterlassen Sie auch Ihre Nummer bei der Schiffsführung, damit Sie notfalls erreichbar sind.

In manchen Häfen, speziell in Touristen-Hotspots, gibt es eine hohe Kriminalitätsrate. Achten Sie daher immer auf Ihre Wertgegenstände. Vergessen Sie vor einem Landgang nicht, Ihre Kabinentüre und die Fenster zu verschließen. Auch wenn Sie während der Liegezeit im Hafen in der Kabine schlafen, sollten Sie die Tür von innen verriegeln, ebenso auch Kästen, die Wertgegenstände enthalten. Dies sind Vorsichtsmaßnahmen, die Sie ausschließlich vor schiffsfremden »Besuchern« schützen sollen. Auf See ist das alles nicht nötig, Seeleute sind Ehrenmänner, sie legen eher noch etwas dazu, als dass das Gegenteil der Fall ist.

Praktisches

Wie erwähnt sollten Sie beim Betreten des Schiffes eine Flasche Wasser für den ersten Durst sowie eventuell einige Knabbereien dabeihaben, falls die Bordkantine bis zum Auslaufen nicht geöffnet ist.

Softgetränke und Tabakwaren kann man in der Regel beim Kapitän oder Zweiten Offizier kaufen (eventuell nicht am Ankunftstag), auch Bier ist meist kein Problem. Bezahlt wird bar.

Fotomaterial, Nähzeug, Seife und Zahnpasta sollten möglichst mitgenommen werden, das Schiff ist schließlich kein Supermarkt und der Weg zu einem Geschäft jenseits des Hafengeländes kann weit sein.

Waschmaschine und Wäschetrockner gibt es auf jedem Schiff. Die Benutzungszeiten sind bordintern geregelt.

Zahlungsmittel

Bei Landausflügen sollten Sie Euro, US-Dollar oder andere lokale Devisen in kleinen Beträgen dabeihaben. Achtung, im Frachthafen gibt es meist keinen Bankomat! Mein Rat: Nehmen Sie für jedes anzulaufende Land jene Geldmenge mit, die Sie für einen ersten Landgang benötigen.

Sollten Sie bargeldloses Zahlen bevorzugen: In den meisten europäischen Ländern können Sie Bus- oder Bahntickets, sogar Taxi-Rechnungen, mit Ihrer EC-Karte begleichen.

Gibt es eigentlich so etwas wie Trinkgeld an Bord von Frachtschiffen? Grundsätzlich nein. Man muss an Bord keinen »Schmattes« geben. Die Mannschaft ist nicht für Ihre Bedienung zuständig. Seebären sind eine stolze Menschengattung, ein »Körberlgeld« würde ihre Ehre kränken. Wenn Sie während der Liegezeiten einen ausgeben wollen oder die Kaffee-Kassa auffüllen, wird aber niemand etwas dagegen haben.

Kommunikation

Das Benutzen der bordeigenen Kommunikationsmittel ist nur in Ausnahmefällen möglich. Mobiltelefone funktionieren meist nur im Küstenbereich, da der Empfang an Bord schlecht ist. Sie sind umgeben von Stahlwänden, das erschwert die Verbindung. Der Luxus eines Internetzuganges steht auf Frachtschiffen normalerweise nicht zur Verfügung. Sie befinden sich auf einem Arbeitsschiff und nicht auf einem Luxusliner …

Gratulation

Willkommen in der faszinierenden Welt einer Frachtschiffreise! Die in diesem Buch beschriebenen Erlebnisse erzählen von meiner Reise im Frühjahr 2017. Ich habe meine Eindrücke so wahrheitsgemäß wie möglich wiedergegeben. Was übertrieben wirkt, entspricht dennoch der Wahrheit. Was wenig spektakulär erscheint, war spannender, als es sich liest. Wie immer bei Reisebüchern hofft der Autor dem Leser seine Reise schmackhaft zu machen. Ich hoffe also, auch Ihre Sehnsucht nach einem solch einzigartigen Abenteuer geweckt zu haben. Sollte dies der Fall sein, wünsche ich Ihnen eine ebensolch wunderbare Reisegemeinschaft, wie ich sie hatte. Meine neuen Freunde sind harte Kerls, deren Leben die Seefahrt ist. Dass sie zauberhafte Menschen sind, habe ich zu beschreiben versucht.

Ich gratuliere zu Ihrer Entscheidung, eine Frachtschiffreise zu planen. Willkommen in der Gemeinschaft der Seebären!

Glossar

abmustern Arbeitsverhältnis (Heuerverhältnis) auf dem Schiff beenden

achtern, Achterschiff hinterer Teil des Schiffes

der Alte Kapitän, Käpt'n

anheuern, anmustern Arbeitsvertrag für den Dienst auf einem Schiff abschließen

aufklaren etwas sauber machen oder in Ordnung bringen; Besserung der Sichtverhältnisse

Back Vorschiffsaufbau, zusammenklappbarer Esstisch

Backbord linke Schiffsseite, von achtern gesehen, nachts durch rotes Licht gekennzeichnet

Bananenjäger Fruchtkühlschiff

Beaufort (Bft) Skala zur Einteilung der Windstärke

beidrehen, beilegen die Fahrt verringern und ein Schiff so gegen einen Sturm drehen, dass es wenig Widerstand bietet

Blanker Hans die stürmische Nordsee

Blau Schiffszimmermann

Blitz Bordelektriker

Brücke nautischer Leitstand des Schiffes, Kurzform für Kommandobrücke oder Brückenhaus

Buddel Flasche

Bug vorderster Teil eines Schiffes (Gegenstück: Heck)

Bullauge rundes, wasserdicht schließendes Schiffsfenster

Bunker Vorratsraum für Kohle oder Treibstoff

bunkern Treibstoff an Bord nehmen

Charter Frachtvertrag, Vermietung eines Schiffes

Crew Besatzung eines Schiffes

Dampfer Schiff (auch bei anderen Antriebsarten als Dampf)

Deck durchgehendes Stockwerk eines Schiffes

Dock Schiffsreparaturanlage

Dockschwalbe Prostituierte

Eisheilige (drei) spöttisch für: Kapitän, Leitender Ingenieur und Erster Offizier

Fallreep an die Bordwand angehängte Treppe zum Betreten und Verlassen des Schiffs

Fender Schutzpolster an der Bordwand

Feuer beleuchtetes Seezeichen wie Leuchttürme oder -tonnen

fieren langsam senken, herunterlassen

Fische füttern sich übergeben bei Seekrankheit bzw. im Englischen über Bord gehen

Flaggenalphabet für jeden Buchstaben des Alphabets und jede Ziffer farblich unterschiedlich gestaltete Signalflaggen zur optischen Verständigung zwischen Schiffen

Freiwache dienstfreie Zeit zwischen den Wachen

Gangway Laufsteg zwischen Land und Schiff

Heck hinterster Teil eines Schiffes (Gegenstück: Bug)

heißen, hissen, hieven hochziehen (Flagge, Segel etc.)

Heuer Lohn des Seefahrers

Heuerschein Arbeitsvertrag zwischen dem Crewmitglied eines Schiffes und der Reederei

Himmelslotse Schiffspfarrer

Hundewache besonders unbeliebte Wache zwischen Mitternacht und vier Uhr, auch Schweine- oder Rattenwache genannt

Jakobsleiter Strickleiter, Fallreep

Kabelgatt Stauraum für Trossen und Kabel ganz vorne im Schiff

Kajüte Wohn- und Schlafraum auf Schiffen

Kammer Wohnunterkunft eines Besatzungsmitglieds

kappen abhauen, abschneiden, kürzen

Kaventsmann Monsterwelle (»Drei Schwestern« heißen drei solcher Wellen in Folge)

kentern Schiff legt sich auf eine Bordseite oder kieloben (mit dem Kiel über der Wasserfläche)

Kiel unterster Tragbalken des Schiffs

Kimm Horizontlinie

Klabautermann (gutmütiger) unsichtbarer Schiffskobold

klarieren die notwendigen Zoll- und Behördenformalitäten erledigen

Knoten (kn) Fahrgeschwindigkeit des Schiffes, 1 Seemeile (1,852 km) pro Stunde

Kochsmaat Helfer in der Kombüse

Koje fest eingebautes Bett an Bord eines Schiffes

Kombüse Schiffsküche

Krähennest Ausguck am vorderen Mast

Landratte Person, die kein Seemann ist

Lee die dem Wind abgekehrte Seite

Logis Mannschaftsunterkunft

löschen ein Schiff entladen

Luv die dem Wind zugekehrte Seite

Matrose seemännisch ausgebildete Fachkraft für den Decksdienst (bei der Handelsschifffahrt seit 1984 durch das Berufsbild des Schiffsmechanikers abgelöst)

Messe Speiseraum der Seeleute an Bord

Moses Schiffsjunge (Auszubildender), Beiboot einer Yacht

MS Motorschiff

Nase Bug bei Marineschiffen, der je nach Meerdurchfahrt des Schiffs unterschiedlich gefärbt ist (rot: Äquator, gelb: Suezkanal, blau: Polarkreis, schwarz: Schwarzes Meer)

Nock seitlich gelegener, offener Teil der Kommandobrücke

Ostfriesennerz gelbe Regen- und Windschutzkleidung mit Kapuze, Öljacke

Pier Anleger, Hafendamm, Landungsbrücke

Poller Metallpfeiler an der Pier zum Festmachen des Schiffes

Poop Hinterschiffsaufbau

Reeder Schiffseigner

Reep Seil, Tau

rollen rhythmische Neigung eines Schiffes von Bord- zu Bordseite

schlingern gleichzeitiges Rollen und Stampfen eines Schiffes um seinen Schwerpunkt

Schott Stahltrennwände im Schiffsrumpf, die der Versteifung und Sinksicherheit dienen

Seefahrtbuch Fahrtennachweis und Pass des Seemannes

Seelenverkäufer von verantwortungslosen Reedern noch eingesetztes abwrackreifes Schiff

Seemeile Entfernungsmaß, 1 Seemeile = 1,852 km

Smut, Smutje Schiffskoch

stampfen rhythmische Bewegung eines Schiffes in Längsrichtung, Heben und Senken von Bug und Heck

Steuerbord rechte Schiffsseite, von achtern gesehen, nachts durch grünes Licht gekennzeichnet

Steuermann Erster Offizier und ständiger Vertreter des Kapitäns

Tide Gezeitenablauf: Flut und Ebbe

Trockendock Schiffsreparaturanlage, auch Alkoholentziehungskurheim

verholen ein Schiff an einen anderen Liegeplatz bringen

Wache Arbeitsschicht des Seemannes

Anbieter von Frachtschiffreisen

Frachtschiff-Touristik Kapitän Zylmann GmbH
zylmann.de

Globoship
globoship.ch

Internationale Frachtschiffreisen Pfeiffer GmbH
frachtschiffreisen-pfeiffer.de

LANGSAMREISEN
langsamreisen.de

Schottis Reisetagebücher

Mit nichts als einem 40-Liter-Rucksack begibt sich der Geschichtensammler und Philosoph Michael Schottenberg in das Land von »Onkel Ho«. Viele ungewöhnliche Begegnungen erlebt er und schildert diese sowie schillernde Eindrücke vom Leben der Menschen in Vietnam mit dem ihm eigenen Humor.

Michael Schottenberg

Von der Bühne in die Welt

Unterwegs in Vietnam

208 Seiten, mit zahlreichen Reisefotos
von Michael Schottenberg
ISBN 978-3-99050-091-0
eISBN 978-3-903083-82-0

Abseits touristischer Massenpfade begibt sich Michael Schottenberg auf Entdeckungsreise durch das sagenumwobene Burma. Er erfährt die Herzlichkeit der Menschen und entdeckt ein Land voll beeindruckender Schönheit, Würde und Heiterkeit.

Michael Schottenberg

Von neuen Welten und Abenteuern

Unterwegs in Burma

208 Seiten, mit zahlreichen Reisefotos
von Michael Schottenberg
ISBN 978-3-99050-089-7
eISBN 978-3-903217-26-3

Amalthea   amalthea.at